野村生涯教育原論 I

未来創造学としての生涯教育

野村 佳子

Au cours des multiples années où j'ai parcouru le monde pour des raisons essentiellement professionnelles, j'ai connu de nombreuses personnalités dans le domaine éducatif qui est le mien et dans les domaines connexes de la politique et de l'action sociale. La plupart de ces personnes ont disparu dans les ténèbres de ma fragile mémoire. Par chance un certain nombre d'entre elles ont échappé à cet exil et, en vertu de leur relief et des circonstances favorables, sont aussi présentes en ce moment qu'au jour où je me suis trouvé sur leur chemin. De cet ensemble émerge Madame NOMURA.

Depuis une dizaine d'années j'ai eu contact avec elle toujours avec plaisir et profit. Quand je m'interroge sur les raisons de cette constance, j'en aperçois plusieurs, mais essentiellement trois, dans le domaine de la pensée et de l'action.

Dans le monde de l'éducation Madame NOMURA a rejoint depuis longtemps le peloton des pionniers d'un nouvel ordre éducatif répondant aux aspirations et aux besoins des individus et des sociétés du monde où nous vivons. En dépit ou plutôt en raison de nos itinéraires particuliers nous nous sommes trouvés accordés sur les principes et les modes d'action d'une éducation permanente.

Un deuxième fondement de notre entente, c'est l'internationalisation de nos démarches. Bien que nourrie de l'héritage et des leçons de sa culture d'origine, son comportement et sa pensée ont toujours franchi les frontières de la nation. J'ai constamment ressenti sa recherche d'une vision universelle dans l'ensemble de son témoignage.

Dans un troisième ordre d'idées, je m'associe avec elle et ses collègues dans leur effort incessant pour faire reconnaître la place et le rôle des femmes dans nos sociétés. Lorsque les "sages" se penchent sur le destin du monde contemporain, ils sont unanimes à y déceler un principe d'anarchie. Tous sont unanimes à rendre responsables du désordre destructeur l'ensemble des inégalités : entre pays riches et pays pauvres et, à l'intérieur des pays même prospères, entre les classes privilégiées et celles qui ne le sont pas. Cependant il y a une inégalité qui généralement échappe à leur analyse, c'est l'inégalité entre les sexes. Les hommes et les femmes n'ont pas les mêmes droits, les mêmes responsabilités, la même considération. Les leviers du pouvoir sont en possession de la moitié de l'humanité. En même temps qu'une injustice c'est un gaspillage des ressources dont dispose le genre humain. Tant qu'une telle disparité se maintiendra, on ne peut espérer l'établissement d'une civilisation reposant sur des bases solides. Madame NOMURA fait partie de ces personnages féminins qui, par leur action et leur réflexion, ont montré la voie vers un monde mieux équilibré

Paul Lengrand

『野村生涯教育原論』に寄せて

私は長年にわたり、主に職業上の理由で世界中を駆けめぐり、私の専門分野である教育や政治を始め、関連する社会活動の分野の数多くの要人に知己を得てまいりました。

しかし、そのようにして知り合った多くの人々の記憶も、大半がいつか薄れていくことを、如何ともし難いのであります。

今なお私の中に、出会った当初と何ら変わることなく存在する人々がいるのは、彼ら自身の非凡さに加え、幸運な状況が重なったことによります。

そうした中にあって、マダム・ノムラは常に私の記憶に鮮やかに浮かび上がる特別な存在なのであります。もう二十年来のお付き合いですが、ノムラ夫人とお会いすることは、いつも私にとって喜びと実りをもたらすものでした。

この一貫して変わらぬ気持ちが何によるのかを自己の中に探ってみますと、主として次の三つの理由が、夫人の思想と行動に見出せるのです。

ひとつは、教育界において、夫人が長年にわたり、私たちが生きているこの時代の、個人と社会の切望とニーズに応え続け、私たち教育の新秩序を模索しているパイオニア集団を感嘆させるような活躍を続けてこられたということです。

私と夫人は、互いに異なるプロセスを経てきながら、というよりもむしろそれゆえに、生涯教育の原理とその実現の方法に、意見の全くの一致を見ることとなったのです。

二つ目は、アプローチの国際化ということです。自国日本の文化遺産に培われ、それを根底に持ち続けながら、夫人の生きる姿勢、その思想と行動は、常に国境を越えていました。私はいつでも、夫人があらゆる活動を通じて、地球的規模でのヴィジョンを追究されていることに感動を覚えるのです。

三つ目の理由は、夫人とそのお仲間の人々が、私たちの生きる現代社会における、女性の立場と役割を多くの人々に理解させるべく、絶え間ない努力を続けられている、ということです。私はそれに心からの賛同を表するものであります。

もし、賢人と呼ばれる人々が一致団結して、現代の世界の運命に強い関心を持って取り組めば、この世界を覆う無秩序の原因を明らかにすることができ、破壊的混沌や様々な不平等を解決すべく責務を果たしていくことができるでしょう。

しかし、そこにはもうひとつ、そうしたことを阻む不平等が広く存在します。それは性差による不平等です。男性と女性はけっして同等の権利や責任を有し、同等の尊重を受けているとは言えません。権力は常に人類の半数でしかない男性の側にあるのです。

この不正義は、人類の資源である女性の貴重な資質の無駄使いを意味しています。このような状態が続く限り、真に強固なる基盤に立つ新しい文明は、とても望むことはできません。

私にとってノムラ夫人の存在がかくも大であるのは、その女性の一人である夫人の行動と洞察が、真にバランスのとれた世界の創造への道を指し示すものであるからなのです。

ポール・ラングラン

未来創造学としての生涯教育　目次

——野村生涯教育原論　Ⅰ

第二部　野村生涯教育の構想　141

（野村生涯教育原論　Ⅱ　目次）

装幀／司　修

表紙の円相は、一九九四年にパリ・ユネスコ本部で（財）野村生涯教育センターが主催した第六回生涯教育国際フォーラムのポスターのために、著者により描かれたものです。

未来創造学としての生涯教育

――野村生涯教育原論 Ⅰ

Published under the auspices of UNESCO

はじめに

前々から、諸外国の方々から「これだけの生涯教育活動に、『原論』となるものが出版されていないのはおかしい。早く出すように」と言われ続けてきました。

三十五年を経た今日ようやく、『野村生涯教育原論』一部・二部の出版を見るに至ったことを喜びとしております。

書物として世に出すのは遅くなりましたが、しかし一九六二年、青少年の不幸を動機として教育活動をはじめて以来、〈教育とは何か〉を模索し続けてきた私の中に構想されてきた「生涯教育論」の理論体系の原型を、私が初めて世に問うたのは、一九七〇年の第一回生涯教育全国大会における基調講演においてでした。

爾来、国内国外における活動は、終始、この「生涯教育論」に基づく理論と実践の教育活動でありました。

過去長年説き続けてきた論を、これまで「野村生涯教育論」として上梓することができずにきたのには、ひとつには余りにも多忙を極め、机に向かう暇のなかったことが最大の理由としてありました。いわば生涯教育の啓蒙期ともいうべきこの時期、つぎつぎと生起する生きた人間の複雑な問題は昼夜を分かたず、その対応にいとまのない日々の連続だったからです。

さらにもう一つの理由として、ただ単に論を世に問うことの無意味さ、無価値を痛感しております者として、生きた人間の〈教育〉理念及び理論は、常に実践の裏付けにおいて生きた人間の上に実証されなければならないと考えてきたからです。

言うならば三十数年の教育活動は、論の体系化と、それが裏付けられ、実証されてくる期間であったと言えます。

それゆえ、「野村生涯教育論」は、まさに知と行の一致の中から生まれていることを誇りとするものであります。

考えてみれば、随分長い間、手元で温めてきた感がいたします。

それにつけても、同じ六〇年代、当時ユネスコ本部、成人教育担当官でいらしたポール・ラングラン博士が提出されたワーキングペーパーを基に、ユネスコ本部も生涯教育を提唱、教育改革活動として世界的推進を始めましたが、野村生涯教育センターが一九七八年にパリのユネスコ本部において第二回国際フォーラムを主催した当時を回顧されて、長年ユネスコ本部教育局長補の要職におられた千葉杲弘《あきひろ》氏が、後年語られた次の言葉は、この間の両者の関係を物語って感慨深いものがあります。

「ユネスコで初めて生涯教育の概念が打ち出され、長い間理論づけの議論に終始していたとき、野村生涯教育センターが初めてユネスコ本部で開いた国際フォーラムで、その生涯教育の概念がすでに日本で、しかも民間の、特に家庭の主婦を中心とする人々の力強い手で、実際に行われていたことを知り、ユネスコでは大変な驚きであり、日本人の職員として大きな喜びであった」。

私は持論として、教育学から人間は教育されるものではなく、生きた人間から教育学は作られなければならないと考えます。

教育や学問が抽象化し、観念化し、建前論にのみ終始する今日の教育の傾向は、もはや生きた人間のためにはあまりにも価値を失っているとしか言いようがありません。

私は私の教育学を〈手作りの教育〉と呼んでおります。それは従来のように西欧に範を求めるのでなく、既成の教育学の概念や定義に基づくものでもなく、そこに子どもたちが病んでいるから、そこに教育が荒廃しているから、それゆえ人間の生きる場から、民間人の自由な立場から、自発し、自主的に、生きた人間と取り組み、現実の生活に根を張った生活人の発想と思考に基づいた、人間総合学とでも言うべきものであります。

「野村生涯教育論」は、私の思想という〈見えない動機〉と人生に出会った〈見える動機〉との連動による構築と言えます。

言うならば野村生涯教育の基礎理論の体系は、私の思想に息づく、東洋、さらに日本の自然観の哲理に基づいて構築したものであります。

この自然観の哲理は、東洋、日本の独自性を出発点としながら、同時に客観性、世界性、普遍性、合理性を持つものとして昇華させ得るものであります。

その思想を誘発したものは、〈庶民の私〉の生きた時代、生きた具体的な経験でした。

「動機は目的を規定する」は私の持論とするところですが、この言葉通り、私の活動は動機そのものが、すでに目的を内包しておりました。

動機が必然として導いた目的を要約しますと、

一・人間の復活――中世ルネッサンスの二十世紀の完結

一・「共存の秩序」の確立――自然、人類、グローバル社会の統合

一・第三の文明の創造――文明史的転換

私が生涯教育に求め、構想し、目的としたものは、この三つの大命題でした。従って、三十余年間の国内、国外にわたる教育活動は、すべてこの命題に向かってのひたすらな模索と挑戦の歴史と言えます。

この大命題への取り組みは、二十世紀というコペルニクス的転換期を生きる人間にとっての、宿命とも言うべきものと考えます。

人類の未来も、地球の存続もすべて人間の手の中にあるのですから。

この人間、〈自己〉への鋭いまでの探究「自己認識」と、自己の生きる危険に満ちた時代への深い「時代認識」に立ってこそ、宇宙時代と言われる二十世紀の教育改革理念、生涯教育の歴史的役割、新しい文明の創造は可能となりましょう。

第一部　生涯教育への道程

第一章　生涯教育とは何か

第一節　世界的教育改革理念――生涯教育

「生涯教育」について語るとき、今昔の感を深く覚えます。

三十数年前この言葉は、一般社会の認識にはまったくのぼっていませんでした。「ケガの『障害』でも、外部への『渉外』でもありません。一生涯の『生涯』です」と、断わってから話を始めなければなりませんでした。

最近ようやく「生涯教育」が言葉としては定着してきましたが、時代を誘導する今日の教育の歴史的役割を考えたとき、一般社会はもちろん行政においても、「生涯教育」が必ずしもその意義の大きさにおいては受け止められていないことを思います。

現代社会の人間性崩壊のもたらす、個人的、社会的、世界的病理現象は、世界的に教育改革を必然の要請としました。

そこに世界的教育改革の理念として生まれた生涯教育が、この時代的要請をどう受け止め、どう応えていくか。

この大命題に対し生涯教育が果たす役割の大きさを考えるとき、「生涯教育」の概念が曖昧《あいまい》なまま定着しようとしていることに危惧《きぐ》を覚え、そのことを問うておかなければと思うのです。

「生涯教育」がなぜいま世界的に脚光を浴び、教育用語として定着してきたのか、その今日的意義を、単に新しい教育情報のひとつとしての理解に終わることなく、生まれ出る背景となる条件を、社会的、時代的、さらに思想的、倫理的見地を総合した立場から考察する必要がありましょう。

なぜなら、ものの本質、実体を正しく把握するためには、時間的、空間的総合の中で捉える必要があります。つまり、過去、現在、未来の三時の時間的経緯と、空間的諸条件の関わりの中で捉えなければ、そのものの本質や実体の把握は不可能であるからです。

生涯教育という新しい教育概念を生み出す動機や背景を明確にすることによってのみ、生涯教育とは何かが鮮明になり、生涯教育の目的が明確になります。さらに生涯教育が目的とするところを見失わないことになりましょう。

既成の教育観からの脱却

生涯教育の定義はまだないと言われて、すでにかなりの時が経過しています。世紀的教育理念の定義が生まれるに至るには、既成の知識教育を主とした学校中心教育の狭い教育概念の枠組みを一度根底から捨て去らないことには、世界的教育改革理念として生まれた生涯教育の理念も定義も打ち立てることは到底不可能でありましょう。

例えるならば、一階建ての建物を十階建てにする場合、土台をそのままにして、二階、三階と積み上げるわけにはいかないのです。一度土台から作り直さないと不可能であると同じ意であります。

制度、内容、方法ともに教育の改革を図るためには、全く新しい発想の下に、統合的、総合的教育の再構築を図らなければなりません。こうした教育構想を抜きにして、生涯教育の理念を語ることは不可能でありましょう。

近代化のプロセスにおいては、従来の学問や教育の形態は、定義や概念が先にあって、そこから大衆は学んでゆく形態でした。そしてその概念や定義やマニュアルの作成者は常に学者や専門家で、多くは机上でつくられた論であり、データの集積でした。

さらにまた、その価値観や情報のソースは多く西欧に範が求められていました。

従来、西洋と東洋、官と民、専門家と素人、また教育現場における教師と生徒、この両者の立場は常に〈中心〉と〈周辺〉の関係にありました。そうした従属理論の下に、情報の生産流通の主体は常に〈中心〉であり、〈周辺〉は常に消費者であり、受け身の立場だけでした。「あなた教える人、わたし学ぶ人」という、指導者と被指導者の関係が長い間固定した教育の歴史でした。

日本の近代化は、常に西欧に範を求め、特に明治初年以降、学校教育システムを導入、学問や教育手法を西欧科学文明に倣《なら》った百余年の急速な進歩の歴史であってみれば、このパターンはそれを当然のこととして受け入れてきた現代人の体質ともなっているものです。

この体質からの脱却が、いま新しい理念「生涯教育」の構築にあたって重要なことでありましょう。

科学技術文明の功罪

今日世界をリードしているのは西欧科学文明です。科学技術文明は、両刃の剣であり、功罪相半ばします。一方に物質的繁栄をもたらし、人間生活に物の豊かさや快適さ、効率性、便利さをもたらしていますが、一方に非合理性を持つ人間を科学的、合理的に処理し、内的には、精神的存在でもある人間を数量的、物的に扱うことにより、人間精神の疎外や崩壊をもたらし、外的には、諸公害や生態系の破壊をもたらし、地球の存続をも危うくしています。こうした物の世界と精神の世界の開発のアンバランスがもたらす大きな歪《ひず》みが、現代の不幸を生み出しています。

二十世紀はまさに人類史上最大のターニングポイントと言えます。地球という小さな惑星が人類共同体の住み家であることを具体的に認識せざるを得ない時代です。

教育の新しい役割

地球が宇宙に開かれた時代であってみれば、その時、価値もまた開かれた広い世界から求められなければなりません。東と西と北と南と、グローバル社会の多様な文化が出会い、価値が出会い、行き詰まりを呈した科学技術文明に代わるまったく新しい文明の創造が希求されるのは当然の成り行きでありましょう。

教育は本来、個人の人間形成を主軸とする営みであります。しかし同時に、新しい文化や文明の創造に寄与し、時代に方向性を与えることこそ教育の歴史的役割であることを思います時、生涯教育こそまさにこの人類史的転換期の要請を背負って生まれた教育理念であると言えます。

既成の学校教育という狭い枠組みの中では、もはや今日の人類が直面している多くの課題に、対処していくことはできなくなりました。

この意味において生涯教育は、近代教育を背負って百年ないし二百年確立維持されてきた伝統的学校教育中心の教育観に終止符を打とうとしています。

こうした社会的時代的背景を持つ、この新しい広大な教育課題は、既成の権威にモデルを求めるものではなく、誰が定義づけるのでなく、あらゆる分野、あらゆる国、あらゆる立場から、すべての人々が模索しなければならない人間の重大事であります。

モデルのない新しい教育理念

いま私たちが、人類の歴史に前例を持たない時代を生きる現実において、モデルのない新しい教育理念の創出との取り組みが始まったと見るべきです。

永いルーツを持つそれぞれの国や民族は、歴史や文化や生活慣習に異なる背景を持ち、また組織や人間個々人も置かれた立場において役割も機能も違うはずです。国において、組織において、個々人において、そのニーズが違うなら、発想も思考も方法もまた異なって当然であります。

大切なことは、それぞれの相違点を尊重し、さらにそれを統合することであり、そこに善意や英智の結集がなされましょう。

世界の国々のそれぞれの機能の異なった理念、実践、アプローチが統合された時、生涯教育本来の役割がそこに顕現されるでありましょう。

ここであえて私が強調することは、「教育学から人間が教育されるのではなく、生きた人間から教育学が創られなければならない」ことであります。

世界的教育改革三つの動き

世界的教育改革の動きとして、生涯教育誕生のプロセスを、国連レベル、国家レベル、庶民レベルの三つの視点から考察し、生涯教育誕生のそれぞれの軌道をたどってみたいと思います。まず、いわゆる国連機関ユネスコのアプローチ。それから国家レベルとしてアメリカ合衆国のアプローチ。さらに庶民レベルとして、日本の私たち庶民からのアプローチ。これら三つのアプローチについて述べてみることにします。

第一に国連機関からの教育改革は、一九六〇年、カナダのモントリオールで「変動する社会における成人教育」のテーマで開かれたユネスコの成人教育会議において、以下のような宣言文が採択されました。

「われわれの世代にとって、人類の破滅と宇宙の征服とが技術的にはどちらも可能である。（中略）われわれにとって第一の問題は、生存し続けることである。しかしここでは、最適者が生き残れるといった問題ではない。われわれにとっては、全員が生きながらえるか、あるいは、全員が滅亡するかのどちらかである。

生存し続けるためには、世界中の国々は、平和のうちに共存することを学ばなければならない。そして、『学ぶ』ということには実行を伴う必要がある。

相互に尊重しあい、理解しあい、連帯感をもつためには、その妨げになる無知を排して、お互いに知り合うことによってそれを強めなければならない。

現在のような分裂した世界において国際的な理解を促進するには、成人教育の果たす役割は殊に重要である。

もしも、人類が平和のうちに共存することを学びえたならば、人類は未だかつて手にしたことのないような個人の福祉と社会発展の機会をもつことになるだろう（後略）」

ユネスコにおいて生涯教育の問題が本格的に取り上げられたのは、このモントリオール会議から五年後の一九六五年、パリにおける成人教育推進国際委員会においてでありました。

この会議に当時、ユネスコ本部の成人教育担当官であったポール・ラングラン博士が提出された生涯教育に関する討議資料が採択され、それ以後世界的な教育施策として各国に伝達されていきました。

第二に国家レベルのアプローチとしては、一九五七年、ソ連が史上初めて人工衛星スプートニクを打ち上げ、それに最大のショックを受けたアメリカ合衆国は、国を挙げて教育改革に乗り出し、教育の新しい開発を始めたと言われます。それが大きく世界に伝播《でんぱ》していきました。

第三に庶民レベルとして、私たち日本の庶民の教育改革があります。

ユネスコに先立つ三年前、日本において国の文教政策が生涯学習体系へ移行した一九八八年に先立つこと二十六年前、教育の問い直しから始まった私たち庶民の生涯教育活動であります。

国連機関と、国家機関と、そして庶民団体が、国が違い、立場が違っても、同じ一九六〇年代の初頭、時期を同じくして教育改革、生涯教育に着手したという意味においてもまた、一九六〇年代がまさに世界の教育史上最大のターニングポイントと言われる所以《ゆえん》であります。

世界が同じスタートラインに立つ

そして、このことは初めて世界が同じスタートラインに立って出発した教育の歴史の始まりを意味します。

東洋と西洋、庶民と官や、素人と専門家との、長い間の受信者と発信者、中心と周辺、この主と従の関係に終止符が打たれ、こと生涯教育に関しては、初めて同一線上からの出発となったことになります。

目的は動機によって異なる

しかし、ここで同一線上からの出発ではあっても、動機によって自ずからプロセスも目的も大きく規定されることを、私は改めて深く受け止めさせられています。

動機により目的がまったく違ってくる一つの例をここにあげるならば、日本の庶民の私たちが青少年の不幸を動機として教育の抜本的問い直しを始めた改革作業は、自ずから〈生きた人間〉のための教育の取り戻しを目的としたものとなり、人間の尊厳の復活が目的となりました。

それに比して、ソ連のスプートニク号打ち上げのショックによりアメリカは、翌年「国家防衛法」を制定し、さまざまな実験プログラムを作成し、従来の伝統的知識伝達方式の教育から、創造的思考を育てることを目的とした教育へと教育改革の研究を始めたと聞きます。

しかし、動機に国益や国家エゴが絡み、教育が産業や軍事と結びついていったとき、ＳＤＩ宇宙戦略構想といった軍拡競争にまで発展していく結果となりました。

それは、真理を追究する学問や、人間の真の自己実現のための教育が、その本来の目的を喪失したとき、生きた人間のためのものであることから大きく逸脱することを如実に表わしています。教育改革という目標を掲げ、新しい教育理念として誕生した生涯教育にしても、このように動機によって目的が大きく左右されることを知らなければなりません。

ここで改めて私は「人間そのものを目的とする」教育の本質への立ち返りを、教育の覚醒《かくせい》として世界に訴えたいのです。

第二節　時代と教育

時代の変革期と教育改革

以上、二十世紀人類史的転換期と、それにともなう教育改革および教育改革理念「生涯教育」について、国連レベル、国家レベル、庶民レベルの三つのレベルからの動きを述べてきましたが、さらに時代と教育の関係を見るとき、そこに私は大きな因果関係を見るのです。

ひとつの時代はその時代に相応《ふさわ》しい教育を要請し、教育はまたひとつの時代を作っていきます。この絶えざる相互関連の中で教育は人類進化を助けてきました。

時代が大きな革命期を迎えたときには、必ず教育の大きな転換がなされます。そしてまた、教育が大きく変革するときは、時代が重大な局面を迎えているときであります。

二十世紀の今日、まさしく私たち人類は史上前例を持たないその変革の時代を迎えています。日々目にし耳にする社会の激しい変動や、予測をはるかに超えた激動の世界の情勢に、誰もがその思いを深くしているはずです。

日本における三つの変革

日本の歴史を例に「時代の変革期と教育の改革」の深い関連について述べます。

明治維新――寺子屋教育から学校教育へ

第一の変革期は明治維新です。もちろん、それまでもいろいろな変革期はあったとしても、近代史の中で言えば明治維新が最大の変革期と言えます。十二世紀から十九世紀にかけては、約七百年の間、武家政治、いわゆる幕府政治であった日本にとって、明治維新は大政奉還によって天皇親政の体制となった大きな変革でありました。

近代国家を成立させてきた国々の多くが、その途上においては富国強兵の道を歩んだ歴史でした。日本もまた、十九世紀から二十世紀にかけて、西欧の世界覇権情勢の中で、明治維新という内憂外患のさなか、独立国家維持のため急がなければならなかった近代化を、ペンと剣の同時開発によって成し遂げていきました。

特に昭和初期の軍国化のプロセスの中で、日本本来の基本精神は歪《ゆが》められ、不幸な日本の歴史の転回となりました。私たちはいま冷静に、何が排除すべきものであり、何が不易な価値であったかを、過去を振り返って究明する必要があります。

第二次世界大戦での敗戦――教育の基本精神の喪失

第二の変革期は、第二次世界大戦の敗戦による国体の変革です。第二次大戦での敗戦は、統一国家として二千年に近い歴史を持つ日本が、初めて他国に敗れ、その占領下に置かれるという未曾有の経験であり、明治以降の天皇親政から議会制民主主義国家となった、それはまさに大きな「革命」期であったと言えます。

敗戦は一方では、平和な日本を取り戻す道を開きました。

しかし一方、敗戦によってもたらされた不幸は、古代から継承し続けた〈和〉を愛する心情や、誠実さ、他人への敬愛といった精神的、道徳的遺産までをも、日本人自らが否定し捨て去ってしまったことです。時代によって変わることのない不易な価値をも、自ら捨て去ってしまったことです。

このことが、その後今日まで、日本人の生き方、あり方にどれほど大きな禍根を残してきましたことか。

一国の敗戦が、その国家や国民に与える有形無形のダメージは計り知れなく甚大であります。一方に軍国主義の払拭《ふっしょく》という結果をもたらしながら、しかし他方、永い歴史の中で精神的な拠《よ》り所となっていたもの、日本の歴史や風土の中で培われ、善の価値の基準となっていたものの喪失。それは民族の精神的〈根こぎ〉とも言える、日本の伝統的価値の喪失を意味しています。そしてそれは、自己や自国のアイデンティティの喪失につながるものでありました。

拠り所を失った日本人にとってその禍根は、今なお不幸の尾を引いています。戦後、日本人の多くが、自国に対する誇りを失い、自国を否定する姿を見るにつけ、日本人が〈敗戦〉を契機として失ったものの大きさを思わずにはいられません。

民族の興亡や領土の収奪を繰り返すといった歴史を経ない日本にとって、この初めての経験はそれがいかに〈平和裡の占領〉であったとしても、他国の人々が勝敗を繰り返しても、なおかつ祖国に対する誇りや愛着をけっして失うことなく強かに生き続ける姿に比べ、日本人自身それに気づかないほど、そこに受けた内的な傷は癒し難く、決定的なものであったことを思います。民族の誇りを失ったその禍根を、戦後日本の教育の荒廃に私は見るのです。

それは大海に羅針盤を失ったまま航海を続ける船にも似た日本を象徴しています。長い伝統に培われた拠り所を否定したとき、教師も親も子弟の教育に対する自信を失い、そして自己への信頼も、自国への誇りをも失いました。

戦後、新しい平和憲法に基づいて、教育の基本精神を明示した「教育基本法」が制定されました。しかし、果してどれだけの人々が、それを教育の根幹として認識しているでしょうか。

個人の人格完成を主軸に、社会、国家、世界の平和と福祉に貢献できる人材の育成を目的に明示した日本の「教育基本法」を、私は誇りに思っております。

はからずも、三十余年の私の教育活動の主旨と実践に一致するものを、私はそこに見出しているのです。

二十世紀の科学革命――学校教育から生涯教育へ

第三の変革期は、いわゆる二十世紀後半の科学革命にあります。そしてこの変革は世界的変革を物語っています。価値観にしろ、意識にしろ、すべてが未曾有の転換を要求されている時代だと言えます。

前の二つの革命は日本国内における変革期であるのに比して、第三の革命は世界的変革期を意味しています。ここに世界的教育改革の理念としての生涯教育誕生の意義の重大さがあります。

一九八八年、日本の文部省は教育改革白書とも言うべき「教育改革の現状と展望」を発表しました。その第一に〈学歴社会の是正〉が謳《うた》われ、さらに〈学校中心教育から脱皮する〉ことを鮮明にし、〈学校も生涯学習の一機関と割り切り〉、〈学校教育体制から生涯学習体系へ移行する〉ことが打ち出されました。ここには明らかに「なぜ生涯教育か」を考える場合、教育改革こそがまさにその第一の眼目となることが示されています。

しかし、学歴社会是正、脱学校中心教育を目的に打ち出された生涯教育が、依然として学校中心教育のまま、学校教育と並列して考えられ、学歴社会適応のための教育も是正されているとは言えません。

この大変革の時代にあって、近々百年ないし三百年、維持、確立されてきたにすぎない学校教育制度が、その狭い閉じた枠組みの中で人間の諸問題をまかなおうとしても、到底まかないきれなくなってきているのは至極当然のことであります。この意味において、生涯教育はまさにこの科学革命という時代の変革の必然の所産として、大きな役割を背負って生まれてきた教育理念と言えます。

第三節　生涯教育の台頭

科学革命と社会変動

この巨大な世界的科学革命期が世界にもたらしたものは、急速な社会変動です。

現代はまさに空前の〈激変の時代〉であり、それは十八世紀イギリスに興った産業革命による変動とは比ぶべくもない、桁《けた》の違った巨大な変革であります。

そうした急激な時代変革の下に現出した現代社会は、過去の時代と比してまったく異なる特徴を呈しています。

こうした特徴を背景的条件として、時代の必然の要請の下に、歴史的役割を背負って生まれてきたのが生涯教育であると見るべきでしょう。今、社会で盛んに生涯教育が謳われ出したのも、勢いこうした激変する社会に対する対応からでありましょう。

生涯教育台頭の要因——二つの観点

ここで「生涯教育」がこの時代に興ってきた背景や特徴を異なった二つの立場から述べてみることにします。

一、一般社会的観点——外的要因
二、野村生涯教育の観点——内的要因

一般社会的観点——外的要因

まず先に一般社会的観点から述べ、その後でそれを踏まえて私自身の構築した「生涯教育への道程」を述べてみたいと思います。

一般社会的観点から現代社会の特徴を、次の五点に見ます。

①科学技術の革新
②情報化社会
③余暇社会
④高齢化社会
⑤国際化社会

①科学技術の革新

現代社会の特徴の第一として「科学技術の急速な革新」が挙げられます。近年の科学の進歩は実に驚異的なものがあります。過去何百年、何千年かけての歩みを、二十世紀、しかもこの近々の僅かな時間に経験し手にしてきた現代人であります。

機械化、コンピュータ化の普及により、職場から家庭に至る労働の形態に変化がもたらされ、社会の主流をなす経済優先の価値観の中で人々は、より生産性を、より効率性を、より便利性を、よりスピード化を指向して、知識、技術が急速に陳腐化していく中で、進歩に遅れないため人生の前半に学んだ学校教育期間の学習だけでは間に合わないとして、人生の後半においても、知識、技術の習得を必要としてきたことが、生涯教育のニーズの要点となっています。

②情報化社会

第二の特徴として「情報化社会の到来」が挙げられます。科学技術の革新による交通手段、通信手段の飛躍的発達と、テレビ、ラジオ等の放送媒体、印刷媒体等の発達、コンピュータの発達等々、それにより世界は急速に狭まり、国家間、民族間、文化間の関係はより緊密度を増し、多種多様な情報が多量にリアルタイムで全世界に伝達されるようになりました。

従って情報の交換、次々に新しい情報の生産、流通、処理が要求されます。まさに情報の渦の中で、人々は振り回されている感があります。そこに処理、選択、そして入手のために新しい教育が要請されているのです。

③余暇社会

第三の特徴として「余暇時間の増大が作る余暇社会」があります。余暇時間の増大をもたらした背景には、前述しましたように、科学技術の革新による機械化、ロボット化、ハイテク化が促進され、家庭においても、職場、生産現場においても、それが人間の労働にとってかわることにより、より多くの余暇時間が生み出されています。

そして、医療の発達、公衆衛生の改善、社会保障の拡充などにより、人の一生において退職後の人生の時間が長くなったことなどが挙げられるでしょう。

日本でも、生活パターンの変化も伴って、急速に余暇時間が増大しました。

産業革命後、特に二十世紀初頭から、労働時間と自由時間との関連における余暇問題の研究が盛んになった欧米と対比して、日本の社会でも昨今、余暇時間の有効な使い方が問題になり始めてきました。

ここに今後、日本社会が改めて直面する新しい課題があるでありましょう。

④高齢化社会

第四の特徴に「高齢化社会」があります。医療の進歩により確かに人間の寿命は世界的に延びてきています。

先進諸国の中で、徐々に高齢化を迎えた西欧に比べ、急速に高齢化社会を迎えた日本の戸惑いは大きいものがあります。

人生五十年、六十年と言われた時代から、男性七十七歳、女性八十三歳を平均寿命とする世界一の長寿国となった日本においては、伝統的家族制度の崩壊による核家族化の進む傾向と相まって、さらに先進福祉国家に見る高齢者の孤独や自殺をそこに考え合わせます時、いかに高齢期を生きるかは重大な課題となってきています。

ここに生涯教育が必要とされてきているひとつの要諦《ようてい》があります。

⑤国際化社会

第五の特徴として挙げるのが「国際化社会」です。

宇宙開発の進んだ今世紀は、まさに世界のボーダーレス時代の到来と言えます。

小さな惑星の共同体は、そのまま国際化社会であり、グローバル社会と言うべきでありましょう。

昔は国内でも遠方への旅は、〈水盃〉をして出かけましたが、いま世界の裏側へも隣町へ行く気軽さで出かけます。

複雑な政治情勢が絡んでの中東の紛争が石油ショックを起こし日本の家庭の台所にひびき、食料品の九割以上を海外からの輸入に頼り、住む家の建材も、日常生活全般が外国との関わりを抜きにしては成り立たなくなっています。こうして日本の衣食住から、政治、経済、社会のすべてが、緊密な国際化の中に営まれています。

多民族多言語のヨーロッパなどと比べ、概ね単一民族、単一言語で何千年の歴史を持つと言われる日本が直面する、最も困難な社会変動でありましょう。

そこにまた「生涯教育」が要請されている所以があります。

以上、一九六〇年代、生涯教育の台頭した背景や動機について、一般社会的観点から現状を述べました。

こうした現代社会の特徴とする「科学革新」「情報化」「余暇の増大」「高齢化」「国際化」といった、人類史上において人々がかつて経験を持たないさまざまな社会現象に直面し、その中で人々は戸惑いと不安と焦燥の中に押し流されているのが実情でありましょう。

そこに新しい方途としての教育概念が求められ、そのための制度的措置も図られる中で、まったく新しい概念としての「生涯教育」の模索が始まったと言えます。

しかし、まだ確たる理念も理論も確立しないままの試行錯誤の段階で、要は生涯教育の名目の下にさまざまなアプローチが、民間にしろ、行政にしろ、試みられているというのが現在の実態であると言えます。

野村生涯教育の観点――内的要因

以上述べた、そうした対策を見たとき、単に社会の外的変化に対応するといった形のものが多く、いわば時代の「外的要因」にのみ目が向けられ、ひたすら時代に遅れないため、適応のための努力や、制度的措置に重きが置かれています。いわば「外的条件への対症療法的」なものでしかないことに私は危惧を覚えるのです。

もちろん、こうした社会変動にハード面での処置、手段は必要です。しかし私があえて強調したいことは、人間の質や価値に関わる視点といったソフト面への配慮であります。

未曾有の社会変革が引き起こす「外的要因」からもたらされる「内的要因」こそ、より根源的対処を要します。

そこに傷つき、荒廃し崩壊する人間性。アイデンティティを喪失し、生きる意欲を失った人間集団。地球存亡の危機を含む多くの困難な課題のすべての解決が人間の手に委ねられているにもかかわらず、この重大な内的要因の警告がもたらす要請に対しての視点および解答が、明確に用意されていないことへの疑問を提起したいのです。

行政措置にしろ、一般民間人の対応にしろ、この激変する社会のさまざまな要請に対し、主に外的要因への対応処置に追われ、時代の変化に遅れないように、取り残されないようにと、絶えず方法論的対処に終始しています。

この後追いの姿勢からは、常に人間は従属の立場にしか立てず、ただひたすら今どうするかの対症療法的方法論に終わり、時代や社会の全体を見る眼も、未来を見通す眼をも失い、まして正しい解決への道はほど遠いものとなります。

こうしたところに人間が、自らの手で自らの首を絞める愚行を行なってしまう危険を孕《はら》むのです。

もちろん、外的要因への対応措置は必要です。しかし、これと共にさらに重要な課題として、私は内的要因の重要性を強調するのです。

内的要因への対策として、私の主張は次の通りです。

①科学革新時代における――人間性の復活
②情報化社会における――主体性の確立
③余暇社会における――価値の選択
④高齢化社会における――自立と生きがい
⑤国際化社会における――異質の統合

このように内的要因と外的要因、両面にわたっての解答こそ、時代の要請として生まれた教育改革の理念、生涯教育が受け止めていかなければならない重要な時代的役割でありましょう。

①科学革新時代における人間性の復活

経済至上主義の価値観の下に、急速な外なる物の世界の開発が、内なる精神の世界の開発を伴わず、そのアンバランスがさまざまな歪みを人間社会にもたらしています。

科学技術の進歩は、一方に科学技術文明、物質文明の繁栄をもたらし、潤沢で便利で快適な生活を人類に保障してきましたが、反面、その合理主義、数量主義、効率主義が、人間精神の持つ矛盾や非合理性を無視し否定し、人間の機械化、ロボット化、物化が進み、そこに商品価値に堕した人間を見るのです。

自己の価値や、生きる意味を失い、自我不確実な人間集団は、自己に対しても、他者に対しても信頼を失い、人間同士の疎外や断絶、モラルの低下と相まって、まさに病理現象を呈しています。

こうした非人間化した現代社会の〈人間性の復活〉こそ急務でありましょう。心が無いと言われる現代科学に心を入れ、機械や物に使われる従属人間から、それらを使いこなす人間への復帰こそ、教育の第一義とするところでありましょう。

②情報化社会における主体性の確立

予測できない不確実な社会にあり、なおかつ激しい流動の社会を生きる現代人は、より新しく、より広範な情報の先取りを急ぐあまり、情報の混乱の渦の中に振り回され、何が本質的であり、何が本質的でないかの選択の麻痺の中で右往左往している感があります。

経済優先の価値観の中で、作られた商業ベースの情報に、作られた為政者の情報に、マスコミの情報に、ただ無定見に自らの主体的選択もなく、他人指向、付和雷同的体質を特徴とする現代人の多くが、情報の洪水に流されている実情を情報化社会に見るのです。

また情報の氾濫《はんらん》は、人間を無感覚に、不感症にしてしまう一面を持ちます。痛みを共感し、共に手を差し延べるべき世界の各地に起きる悲惨な出来事や、さまざまな事件のあまりにも多くの情報は、いつしか人間の良心や感性を麻痺させ、感激することも、驚くことや怒ることも、痛みの共感をも喪失させる危険を持ちます。

今までは、情報を生産、流通する側と、消費の側とは、判然と二極化されていました。生産、流通は常に権力や指導的立場の側であり、大衆は常に受け手であり、消費の側だけにまわっていました。

しかし今、自己の生きる責任を自己が持たざるを得ないこの危険な現代社会の実態は、既成のパターンを全く変えざるを得ないことを示唆しています。

自らの価値観において選択する主体性と同時に、価値ある情報を自らも創り出し、広く伝達していく自由と自発こそ、情報化社会に取り戻すべき主体性でありましょう。

③余暇社会における価値の選択

西欧社会の余暇、または自由時間の概念と、日本のそれとは大きな相違を根底に持ちます。

日本の思考は、伝統的には余暇時間と相対をなす労働時間を対称的に区分する傾向を持ちませんでした。

東洋には例えば「忙中閑あり」という言葉があるように、労働を行動面からのみ捉えるのでなく、精神的領域をも含めて総合的に捉えます。左右の足の歩みの兼ね合いであります。仕事と余暇を明確に二分しない受け止め方があるのです。

日本の労働社会においても、仕事の中に遊びを、遊びの中に仕事を上手に調和させています。家庭婦人の日常はまさにこの混合です。もし労働時間を拘束、苦痛の時間と定義するならば、その対称としての余暇時間は、解放であり、快楽を意味することになります。余暇時間の概念がより強くこうした意味で受け止められている感があります。

また東洋には昔から「小人閑居して不善をなす」の諺《ことわざ》があるように、物の潤沢や暇の増大が、えてして人間を怠惰にし、後退させ、災いをもたらす恐れがあるという考え方があります。

本来、人間は生成発展する生命体であってみれば、生きて〈動いている〉〈働いている〉こと自体が自然体であります。そこにより良い創造発展をもたらすための予備の時間を余暇時間とは考えられないでしょうか。

一九七九年、ブリュッセルでの「自由時間に当面する現代社会」の会議で私は、「余暇と非公式教育」のテーマでスピーチをいたしました。その折、アフリカの参加者から「余暇の問題は余裕のある先進国の贅沢《ぜいたく》な課題であって、開発途上国ではいかにして仕事につくかということで精一杯なのだ」との発言があったのです。

私は「もし日本がその先進国に入るならば、そして、もし私の発言が物質的豊かさに恵まれた国の奢《おご》りであるならばお許しいただきたい」と前置きして、「余暇がもし未来にバラ色の幸福を約束するものなら、あなたがおっしゃるように先進国の贅沢な時間となりましょう。しかし、工業化や、経済的豊かさが引き起こす人間疎外や人間性の荒廃といった不幸を見るとき、極端な言い方をすれば、開発途上国には未来があるが、工業先進国にはこのままゆけば未来はないと思う。要は時間のあるなしにかかわらず、これだけ危険な時代を生きている小さな惑星に住む人間同士なのだから、生き方そのものの中に自・他が幸せを分かちあえるような、そうした人間性の開発こそ、自由時間、労働時間を問わず、課せられていることと思う」と答えました。

新しい余暇理論

さらに余暇を価値あらしめるため、私は余暇概念の転換を試みました。

一九九〇年、マドリッドにおける第十一回国際社会学学会に新しい余暇理論を発表しました。余暇時間または自由時間を、労働時間や拘束の時間と対称して受け止める概念から、全く発想を転換し、「生涯をそのまま余暇時間、自由時間と考える」概念を提起したのです。

個々人にとって自分の限られた七、八十年の人生は、二度とない貴重な〈自分にとっての自由時間〉です。自己の一生を、自分の選択において、自分の主体性において生きる、たった一度の人生。限られた七、八十年の生涯はまさに自分の自由時間であります。

その中での労働時間も、遊びの時間も、眠る時間も、スケジュールをさまざまに立て、人生をデザインしていくことを考えるとき、人生は実に自由で楽しい自分自身の手中のものとなります。誰のものでもない、かけがえのない唯一の人生を「己がどう生きるか」。

それ故にこそ、余暇の質の選択こそ、重要な課題となりましょう。そこに問われるものこそ選択の主体者「人間」たるの質の問題であり、価値の問題であります。

④高齢化社会における自立と生きがい

高齢化が徐々に進んだ西欧社会と異なり、急速に高齢化の進んだ日本においての高齢化社会への対応は、試行錯誤の中にあると言えます。

高齢化社会への対応は大きく二つの視点から考えられます。一つは高齢者自身の生き方の問題であり、他の一つは高齢化社会を支える非高齢者の問題となります。長寿社会は逆三角形を成し、高齢化社会を支える若者の層の比率の減少が、今後の大きな課題であることを提起しています。

高齢者自身の生き方で最も大切な要素は、自立の精神でありましょう。自立の精神は、とかく若者に該当する言葉の意味で用いられることが多いですが、人生の終末を支える最も重要な要素と考えます。

私は自立を次の三つの観点から捉えます。一つは肉体的自立。一つは経済的自立。一つは精神的自立です。

肉体は徐々に衰え、最終的には自己を支えることは不可能になりますが、これは生物の掟として自然の摂理にまかせることでしょう。経済的自立は、今日の日本においては少なくとも衣食住において、最低限度の生活さえ不可能ということは、例外を除けば少ないでありましょう。

第三の精神的自立、これこそ最後まで持続し、人間としての終末を締めくくる最大の〈人間らしさ〉でありましょう。

〈生きがい〉、〈老いがい〉はそれによって支えられ、また〈死にがい〉にもつながるものであり、この第三の精神的自立こそ、前の二つの自立を支える支柱となるものでもあります。

高齢化社会を考える上に、次の二つの面からの考慮が必要となります。

ひとつは自己の生涯に、自己が高齢化し、支えられる側としての高齢者の分と、さらに支える側の非高齢者の分の二面です。

このことを考慮に入れて、乳幼児期から老年期、死期までを生涯設計に入れた、より早期から自立の精神を育てる生涯教育の重要性を強調する所以です。

⑤国際化社会の異質における統合

宇宙観測が進み、閉じた系、地球という小さな惑星に共同体として生きる二十世紀の我々は、否応なしに地球社会、国際社会の住人です。

国際の〈際〉は「出会う」「交わる」の意味がありますが、国と国が、民族と民族が、人と人が出会い、交わることです。

日本人の思考には、日本の国の置かれた地理的特殊条件が大きく影響していました。もし日本が多民族の出会い、行き交う場所に位置していたら、もっと違ったものとなっていたでありましょう。

極東に位置し、周囲を海に囲まれ、長い鎖国の時代を経た日本の国は、地続きで国境を接した諸外国と異なり、異民族の交流や混合の長い歴史を持つ国に比べ、人や文物の交流は行き交うのでなく、出かけていくか、来るのを待つかの一方通行の歴史で、国際化の面からは確かに遅れていると言えます。

日本は物の輸出入から言えば、世界で一、二を争うほどの交流を持ちます。事実、日常パリのブランド製品を身につけ、オランダの鯵《あじ》の開きが朝食のテーブルにのぼり、住む家の建材に北米の森林の木材を使うといった、衣食住の隅々まで、そして前述したように、政治も経済も社会も、すべてが緊密な国際関係の中で動いています。

それにも拘わらず、こうした国際化社会の現実を生きながら、なおかつ体質というか、慣習に育っていない意識というか、そこに人や文化の交流、異質の受入れといった面での後れがあり、村意識とも言うべき孤絶性を持ちます。

こうした特殊性を持つ日本にとって、国際化社会への仲間入りは最も大きな挑戦を必要とすることになりましょう。

国際化社会への移行は、異質の統合のプロセスであります。

異質の統合に不可欠の条件として二つあげるならば、一つは相違点と一致点の確認であり、一つは自己のアイデンティティの確立であると言えます。

人間個々人、民族それぞれは、生まれた風土や歴史や文化によって長く培われた〈自己〉や〈民族性〉を持ちます。そして、各々のアイデンティティに従って、異なる宗教、文化、歴史をさらに積み上げていきます。

異質の統合とは、こうした相違点を無くした〈おじや〉のようなものになることではなく、〈無国籍者〉になることでもありません。

相違点を認め合い、尊重し合い、異質をモザイクのように組み合わせ、オーケストラのように調和を織りなしていく、異質の統合とはこうしたものでありましょう。

そのためにこそ、相違点を越えた根底に、人間の条件として持つ普遍的共通項を確認する必要があるのです。この共通項に立ってはじめて相違点を尊重し合えるのです。

自己とは何か、自国とは何か、自国の文化や歴史は何かを確認することによってはじめて、他者も他国も、他国の文化や歴史の尊重もでき得、異質の統合がなされ、真の国際化社会が生まれるでありましょう。

第四節　統合の時代

生涯教育の現状

それぞれの特殊性における発想と思考

六十年代、世界の教育改革期の要請として生まれた生涯教育は、国連レベル、国レベル、民間レベルと、それぞれ同一線上に出発点を持ちながら、新しい方策を模索してきました。

世界各国において、それぞれの国、それぞれの組織が、それぞれの文化や歴史、社会的背景、ニーズに基づいて生涯教育を推進しています。

第三世界の識字率の低い国においては識字教育を中心に、失業率の高い先進国においては職業再訓練教育に重点が置かれ、また日本では余暇文化的な趣味、教養、娯楽的傾向の、多種多様のバイキング的学習が盛んです。さらに放送大学をはじめ、公民館活動、コミュニティカレッジ、カルチャーセンター、マスメディア等々、社会に開かれた教育はまさに学習社会と言える日本の現状です。

こうして国による相違、また同じ日本の中においても、行政と民間、民間の中でも企業と生活者と、それぞれ置かれた立場や役割、機能が違えば、従ってニーズも違ってきます。そこに自ずからそれぞれの特殊性における発想や思考が生まれるのは当然でありましょう。

生涯教育という膨大な課題を、小さな画一的な概念や活動の枠の中で定義し操作すること自体、不自然であり、不可能です。大切なことは、それぞれの特色を生かし、多元的な理念や活動をどう包括し、連携し合い、どう総合統一していくか、であると思います。

ニーズの独自性と普遍性

生涯教育は普遍的に世界に通用するそれでなければなりません。経済的に豊かな日本にのみ通用するものでも、識字対策だけのものでもなく、万人のニーズに答えを持つものでなければなりません。

この意味から、生涯教育が課題とするニーズの独自性と普遍性の両面から考察する必要があります。

独自性の観点から言うならば、人間個々人、その人その人に生涯教育への動機やニーズがあります。従って、十人十色の求め方がありましょう。

生涯教育に関する認識もそれぞれ違うかもしれません。そのように個々人、求め方、考え方、ニーズにそれぞれ独自のものを持ちます。

野村生涯教育センターに数多く持ち込まれる教育課題の個人的ケースにおいては、子供の登校拒否から始まる非行や暴力といった子弟の教育の問題や、夫婦の不和や嫁姑の確執の問題、家庭の崩壊といった人生生活上のさまざまな動機が提起され、また職場における諸問題、人間関係等々に解答が求められています。こうした個人的独自の問題。

また、組織に例を取りますと、民間人の組織が動機とし目的とすることと、行政が目的、主眼とすることとは違い、また企業の立場からの目的やニーズはまた違います。そのように組織々々によって、それぞれ動機もニーズも、従って生涯教育の目ざす方向も目的も違ってきます。

さらにその国その国の動機もニーズも違います。

豊かな教育先進国が生涯教育に求めるものと、発展途上の国々が求めるものとは自ずから違ってきます。

前述のように、日本の国においてはカルチャースクール的な趣味、教養、娯楽といったものが主流となり、ヨーロッパ先進国の失業対策としての職業再訓練教育、第三世界が識字教育を中心に進めるといった、このような個人的にも、組織的にも、またそれぞれの国においても、当面のニーズへの対応や、独自性としての対応は当然ではあります。

しかし、生涯教育への関心が、今そうした個人的にも、組織や国レベルにおいても、独自性の面のみが強調され、そのレベルでの求め方、考え方だけで語られていることに大きな疑問を感ずるのです。

ここで強調しなければならないことは、その独自性と同時にいわゆる究極のニーズとでも言うか、生涯教育が持たなければならない他の一面、普遍性についてであります。つまり、

①人間に共通するもの
②世界が共有する問題
③万人が必要とするもの

として普遍性の一面を用意しなければなりません。

人間性の崩壊や喪失、また家庭崩壊は、今や世界的に進んでいる状態で、すでに世界の「人間に共通」した不幸と言うべきであります。また、テロ、暴力、社会不正、諸公害、資源、核、そ

して地球存続の問題は、すでに「世界が共有」する危険です。

ここに「万人が必要」とする平和や幸福、自由、人類が生き残る方途、そのための人間性復活は、まさに人間にとっての絶対公約数とも言うべき究極の万人のニーズでありましょう。

この究極のニーズこそ、国が違い、立場や思想が違っても、先進国、発展途上国を問わず、万人に普遍のニーズであります。

そこに、生涯教育が単なる個人的ニーズ、独自的ニーズを満たす実用的な方法や、機能的技術知識や、アクセサリー的教養の次元を越えなければならない所以があります。

生涯教育が必須の要請として受け止めていかなければならない最大の課題は、この万人に普遍のニーズであります。

万人のニーズに応え得る生涯教育

教育は個人の幸福や自由や主体性の確立に資するものであると同時に、歴史的役割として社会や時代の混迷や危機に方向性を与え、誘導し、答えを持つものでなければならないと考えます。

この意味から、生涯教育はまさに個人的ニーズ、社会的ニーズ、時代的ニーズ、これらのすべてを包含した要請に応えるものでなければなりません。

今、世界的教育改革期を迎えていることは多くの人々の認識に上っていることではあります。

しかし、二十世紀、人類が史上初めて遭遇する最大の転換期が必然とする、世界的教育改革の新しい理念として生まれた生涯教育の持つ意義の大きさと重さにおいての認識は未だ不徹底です。

一方に発展途上の国々の「教育」の未開発が、飢餓や貧困、非識字や不衛生につながり、他方、先進国と言われる国々の「教育」の潤沢な開発が、エゴイズムや無気力、人間性の荒廃や殺人兵器の開発につながっています。どちらも共に人間性の否定につながる現代の「教育」とは一体何なのか。

この疑問の解明こそ、現代社会が教育に諮問する大命題でありましょう。

統合の時代

宇宙に開かれた地球社会は、生命発生以来三十数億年の人類の歴史の中で初めて、人々に小さな惑星地球が運命共同体であることを否応なしに受け止めざるを得ない現実をつきつけ、ボーダーレスの小さな共同社会を認識させました。

我々の住む現象世界のあらゆる存在や事象の関係は、本来異質の統合の実体そのものでありますが、しかしこの時代ほど、関係依存の密度の濃い時代は史上類を見ません。

それは好むと好まざるとに拘わらず、それ自体現実社会であり、真実の世界そのものでありましょう。

こうした本来統合体の人類社会であり、まして宇宙時代という統合を必然の趨勢《すうせい》とするこの時代を迎えながら、一方にヨーロッパ共同体の実現という大きな統合の動きを持ちつつも、もう一方に七十年間にわたる強靭《きょうじん》な一枚岩の共産主義社会を作り上げたソ連邦の解体をはじめ、民族や宗教やイデオロギーの間の対立や分裂は熾烈《しれつ》を極め、混沌とした危険な様相を呈しています。

こうした世界の現実にあって、政治、経済、社会のすべての担い手である〈人間〉の教育もまた、既成の概念を全く転換し、統合的、総合的教育概念に立たざるを得ないでありましょう。

既成の学校という狭い枠組みを破って、〈生きる〉ことそのこと、〈生活〉そのものの教育化が、統合の時代の教育の必然でありましょう。

第二章　野村生涯教育の道程

第一節　野村生涯教育の道程

私の生涯教育の原動力となった〈思想〉と〈時代〉

生涯教育という言葉さえまだ一般社会の認識に上らなかった時代から今日までの三十余年間の野村生涯教育の道のりは、まさに生涯教育の啓蒙の歴史であったと言えます。

啓蒙期の三十余年を顧みることは、野村生涯教育の原点に立ち返ることになり、それは同時に私自身の中に源を遠く探ることになります。

この未知の教育活動の創造に与《あずか》って強い潜在的原動力となった二つの要素に〈思想〉と〈時代〉があります。

すべてのものの見方、考え方、価値観の背後には、その人、その国、その民族の歴史や文化や社会的要素があり、それらを培った民族性、国民性があります。

さらにこうした民族性や国民性の醸成は、根底にその国の風土が大きく与っています。気候や温度や湿度、地理的条件等、諸々の自然的要素が大きく影響しているのです。

一つの思想はこのように、風土や民族性といった諸々の複合要素を土壌としてそこに根づいていた根であり、さらに個々人の生い立ちや原体験、郷土の土地柄や人情、家族や家庭といった環境が、その根を培養します。

こうして古代からの集積の上に築かれたものが思想であり、そのソースはその根底に流れ続けて、また歴史や文化や民族性を培い、また個々人の人生にさまざまな〈見えない動機〉づけをなしていると私は考えます。

豊かな伝統的精神性を土壌にもつ日本という国の、静岡の田舎という土地に生まれた私にとって、その美しい自然の風物、水や山や吹く風、そして人情の温もりが私に純粋培養してくれたものは、温かさや柔らかさ、誠実さや素朴さ、何よりもひとさまを大切にするといった、煎じ詰めて言えば自然そのものである〈調和〉と〈肯定〉、それを思想の根底に育んでくれました。

私の幼い頃からの真、善、美、聖への強い憧憬も、こうしたところに生まれたものでありましょう。

しかし、この〈思想〉と、さらに同時に私の青春期を過ごした〈時代〉、日本に重く暗くのしかかってきた不幸な戦争の時代は、〈肯定〉と〈調和〉のソースに育まれた長いルーツを持つ思想とまったく相反する〈否定〉と〈破壊〉との出会いを意味しました。

この矛盾は、私の最も多感な時代の最も強烈な経験であっただけに、この〈思想〉と〈時代〉の二つの要素は、その後の私の生涯を強烈な真理への探究へと向かわせ、人間とは、生きるとは、の命題を根底に据え、人間の尊厳を、平和への希求を、終生のテーマとさせました。

この思想と時代の二つの要素が、その後、出会った一九六〇年代の青少年の不幸や、一九六九年の世界一周の旅や、一九七四年の初めて出席した国際会議等に触発され、それを動機づけとして、その後の三十余年間、終始私の生涯教育活動を貫く原動力となりました。

野村生涯教育の動機

大きな川の流れが、最初は山に降った雨滴が集まって地下水となり、小さな流れを作り、山肌を伝わり尾根を降り、一渓流となって平野に下り、そこで合流し合い、やがて海にそそぐ大河となるように、動機というものは、えてしてそうしたものでありましょう。

私の生涯教育活動もその動機を探ってゆくと、前項で述べた原動力が見えない動機となり、近因の見える動機に誘発され、こうして見える動機と見えない動機が織りなして生まれてきたと言えます。最初から組織的活動があったのではなく、私個人のささやかな経験から始まったものです。初めから組織を作ろうとか、教育改革や社会改革をしようなどと、大それた考えがあったわけではありません。あえて言えば、無計画の計画、無組織の組織の感は今もって私の実感なのです。

三十余年前、近年盛んになったカルチャーセンターの走りのような勉強会を始めたのが私の学習でした。絶えず何かを求めて止まなかった私の欲求は、結婚後の子供のいない余暇を文学、哲学、宗教に至るまでさまざまな学習に求め続けました。

その中での、次に述べるいくつかの〈見える動機〉との出会いでありました。

私にとってそうした動機となったものには、大きく分けて国内的動機と国際的動機の二つがあります。

国内的動機

一九六〇年代初頭の青少年の不幸

一九六〇年代初頭、この時代の日本の社会は、ちょうど戦後十数年を経て、朝鮮動乱や世界の諸情勢の中で、ようやく飢餓と混乱から立ち上がり、復興を見るに至り、〈神武景気〉〈使い捨て文化〉の言葉が流行するほどの経済的高度成長期を迎えていました。

しかし、経済的豊かさに反比例する形で、かつての物質的には貧しかった時代の日本にはなかったさまざまな社会的不安の要因が生み出されてきました。

伝統的精神性が失われ、モラルの低下がもたらす人間性の喪失や荒廃は多くの不祥事を惹起《じゃっき》させました。

青少年の不幸はこうした状況の中で日本社会が直面した深刻な課題でありました。

登校拒否を始めとする非行、家庭内暴力、学校内暴力、シンナーや麻薬、自殺といったいわれのない異常な状態が発生し始めました。

新聞、テレビの日々の報道に加えて、身近な知人や友人の間にも、何らかの子弟の教育に悩む問題が多くなりました。

日を追う毎に量も質も悪化する中で心が痛み、無関心ではいられなくなり、放っておけなくなって、それまでの趣味、教養の段階での気儘な学習から、次々に足下や社会に起こる心痛む問題に、いつか〈教育とは何か〉の探究に入っていかざるを得なくなったのです。

それは教育を〈生きた人間のための教育に取り戻す〉作業の出発にほかなりませんでした。

こうして一九六〇年代初頭、私の生涯教育活動への最初の歩みが始まりました。

数多くの青少年のケースを一つ一つ扱ってゆく中から、二つの大きな要因が見つかりました。一つは「教育の欠落」であり、一つは「子供社会は大人社会の反映」であること、この二つでした。

教育の根本的欠落

人間が人間らしくあるための作業が教育であるならば、教育は人間そのものを目的としなければなりません。しかし現代の教育は「目的喪失」としか言いようのない実態です。

本来人間が目的そのものであるはずの教育がいま、良い点数、良い成績、良い学校、良い就職と、ひたすら学歴社会のパスポート獲得を目的とした教育に堕《だ》しています。

目的と手段の入れ違いは、勢い人間を手段化し、人間を疎外し、教育本来の目的を失わせます。

こうした「目的喪失」「人間不在」の教育は、まさに教育の根本的欠落を意味します。

物質偏重、経済志向の中で、教育の産業化が進められ、知能指数や偏差値、最近では性格の偏差値とまでいった、人間を数量化、物化した非人格的扱いとも言うべき教育実情をそこに見るのです。

それはまさに人間疎外の教育と言わざるを得ませんし、教育の堕落と言わざるを得ません。

大人社会の反映

青少年の不幸の問題の諸悪の根源的要因の一つを、この教育の根本的欠落に見いだし、さらに他の一つの要因として見いだしたものは、子供社会は大人社会の反映であることの発見でした。

数多くの青少年の問題を一つ一つ扱う中から、非行や暴力の一つのケースを突き詰めていくと、それは単に当事者の子供の問題としてのみ起こっているのではなく、その背後の大人社会に問題の原因があることがわかってきました。

つまり、家庭における両親、学校における教師、社会一般の大人たち、その大人たちの意識や価値観や生活行動がモデルとなり、そこに作り上げられた大人社会の土壌から芽生えた青少年の問題の一つ一つであることが、具体的に問題を取り扱う中から明確に浮き上がってきました。

さらにこうした大人社会を作りだした社会背景、そして時代背景が、共に深い関わりをもっていることに行き当たらざるを得なかったのです。

こうして青少年の不幸が大人集団、さらに社会背景、時代背景といった厚い深い層に病根をもつことがわかったとき、その背景をなすすべての要因を総合した観点に立たない限り、青少年の問題の根本的解決はあり得ないという結論に至ったのでした。

ここから二つの方向への取り組みを始めました。

一つは教育の抜本的問い直しであり、一つは大人社会の改革でした。

教育の抜本的問い直し

教育の抜本的問い直しは、単に弥縫策《びほうさく》や方法論的改革ではなく、教育の本質への問い直しです。教育とは何か、教育は誰のためのものか、教育の目的は何か、の問いであり、それはつまり教育の原点へ立ち返ることでした。

そして人間が人間らしくあるための作業が教育であるならば、教育の原点に立つことは、そのまま人間の原点に立つことに帰結します。

言うならば、教育とは何かを問うことは、人間とは何か、生きるとは、人間の価値とは、の問いにほかなりません。

さらに重要なことは、その〈人間〉とは単に抽象概念としての人間論ではなく、「私」とは何かの探究でなければなりません。己とは何かの自己認識でなければなりません。

生きた人間の掘り下げをここまで深めない限り、生きた人間のための教育は取り戻せないし、今日ここまで人間性の荒廃や崩壊をもたらした教育の欠落の、抜本的改革はなし得ないでありましょう。

ここから私は第一の目標、教育の抜本的問い直しを、教育の原点に戻り、さらに人間の原点に帰ることを起点とし、そこから生きた人間のための教育を取り戻す教育改革への活動を始めました。

大人社会の改革

他の一つ、大人社会の改革への取り組みは、青少年の多くのケースを扱う中から、子供社会が大人社会の反映であり、青少年の一つ一つの問題がすべて、史上類を見ない社会的、時代的変動を背景に持つ社会の複合汚染によるものであることに行き当たったことによります。

ここから社会機構の主体者であり、家庭、学校、社会においてモデルとなるべき大人達、すなわち家庭における両親、学校における教師、一般社会のすべての場における大人達の意識や価値観、生活行動の自己点検こそ先決であることの結論に至ったのです。

そこから社会を構成するすべての界層、教育界はもちろん、政界、行政、企業、マスコミ、一般家庭人等々、社会のあらゆる界層に呼びかけ、家庭、学校、社会の連携を提唱しながら、全国に広く大人自身の自己学習を主軸とした教育作業を推進しました。

私の生涯教育活動は、こうして一九六〇年代初頭の日本社会の直面した青少年の不幸を国内的動機として持つ一方、一九六九年、私の初めての世界一周の旅における経験と、一九七四年の初めての世界会議出席の折の経験を国際的動機として持つことになったのです。

国際的動機

世界一周の旅――世界から日本を見る

一九六九年、私は初めて日本を離れて世界に旅しました。

当時のソ連を皮切りにヨーロッパからアメリカへ渡り、世界を一周した旅はすべてが鮮烈な印象で、今も色褪《あ》せることなく鮮やかに残り、その後何十回と海外の旅は経験しましたが、最初の印象を越えるものはありません。

世界から日本を見る。日本を世界に位置づけて見る。いろいろなものが見えてくる、良いことも、悪いことも、そしてどうすべきか、どうしなければならないかがよく分かってくる。

私は初めて世界を意識し、初めて日本人を意識しました。

日本の未来を、子供たちの未来を思いました。

自由が束縛された国々を巡った時、あの忘れていた青春期の戦時中を思い出しました。

ライン一本で国境を接する西欧の国々が、民族や国の興亡を繰り返した歴史は、そのまま血を流した歴史を意味しています。革命の名において、レジスタンスの名において、宗教改革の名において、戦争の名において、いかに幸福や自由や尊厳を勝ち取るために多くの血が流されましたことか。

それらが血を流して勝ち取るものであったならば、血を流す革命や戦争によらずにそれらを勝ち取るためには、どんなに多くの平和的手段による努力や犠牲を事前に払わなければならないか。

どれほど払ってもその犠牲は犠牲とは言わないでありましょう。

平和のうちに平和の確立をこそ。

戦争を経験した私は、噴き出る思いで日本の平和を守りたいと思いました。私の生命を育んだ、そして私の愛した両親や、そのまた両親をも育んだこの日本の郷土を。しかしこれは他国や異民族から守るのではなく、人間のエゴや獣性や闘争心から守るものでありましょう。

宇宙から地球を見る――アポロショック

この世界旅行でのもうひとつの衝撃は、最後の旅行地ハワイで出会ったアポロ十一号の壮挙でした。

二十世紀の偉業として、原始生命発生以来住みついた地球以外の天体に人類が初めて足跡を印しました。それまで地球からしか他の天体を見てこなかった私たち人間が、初めて他の天体に足をつけて、今まで天空に星や月を見ていたのと同じ感覚で、宇宙にポッカリ浮かんでいる自分たちの住む地球をいま月から客観視する。

この衝撃は形容しがたい驚きで、私はこれをアポロショックと名付けました。

小さな一つの惑星に住み合っているリアルな実感が、運命を共有する人類を痛感させました。

しかし、そこに同時に起きた疑問は、科学の進歩によって四〇万キロも遠く離れた天体に行けるようになった人間なのに、地球上に住み合う人間同士は、一番身近なはずの親と子が、夫婦の間が、あるいは隣人同士、職場の人間関係がどんどん壊れ、疎外や断絶が進んでいる、この矛盾は何だろうという思いでした。

また、この人智の開発がもたらす科学技術の素晴らしい功績は、裏腹に今人類や地球を破滅に導く核兵器の開発をもたらし、人類を危険にさらしています。

この明と暗の象徴する二十世紀。それゆえにこそ、コペルニクス的転換ともいう、人類史上最大の転換期の真の意味の重さが問われていることを思います。

今世紀の宇宙船アポロの地球観測は、この世紀を生きる人間のすべてに「開かれた地球」をリアルに実感させました。

既成の権威や価値観を大きく変革しなければならない時を迎えています。大きく視点を変え、発想を変えなければ価値観は変わらない。物や金や機械に人間が使われ、商品価値や交換価値で人間が計られてしまう社会に、どうして真の幸福や平和があるだろうか。

現代は一握りのエリートの時代ではなく、底辺に絶対数を占める層が鍵を握っているはずです。もし、その層が盲いた、主体性を失った体質のまま次の時代を背負う子弟の教育に当たるとしたら、未来を待つまでもなく、その〈衆愚〉は無責任にも過去の戦争へのめり込んだ過ちを再び繰り返さないと誰が保証し得ましょう。

人類史的転換期と期を同じくして、「日本を世界に位置づけて客観する」「地球を宇宙に位置づけて客観する」この二つの衝撃的経験を同時に経験した私の世界一周の旅は、その後の生涯教育活動をグローバルな視野に立たせ、人間の問題、人間教育の問題を最大関心事とせざるを得ない動機づけとなりました。

最初の国際会議——二つの疑問

さらに一九七四年、ベルギーのルーベンで開かれた平和会議は、私の初めての国際会議の経験でした。その会議で私は二つの大きな疑問にぶつかったのです。

その一つは、会議がすべて西洋の論理や価値観に基づいて行なわれ、科学的合理主義、数量主義、自然支配的西欧方式で進行される会議内容でした。

他の一つは、すべて男性の理論や発想が会議を支配している点でした。

ここにもし東洋の哲理や思想が加わったら、もっと別の視点や見解や違った方向づけが見出されるだろうし、さらに西洋合理主義と東洋の精神性の融合は第三の思想の形成に大きく役立つであろうことを思ったのでした。

また会議の大勢を占める男性理論に対し、そこに女性理論が加わったらもっと大きな調和が生まれるはずであると考えました。

抗争や戦争は男性主導でより多く行なわれてきました。男性が特徴とする力や競争原理に対し、融和や協調を特徴とする女性の思考や発想が補完の役をなした時、より良い創造がそこになされるでありましょう。

この会議は私にとって最初の国際会議であっただけに、東洋の英智と女性の役割の不足と補完の必要を強く認識させる会議となりました。

この不足の補完に対し、この会議の二つの部会で私は発言の機会を得ました。「平和のための教育」部会と「人権」の部会での試みでした。

西洋的思考や価値観の下でなされる発言と、男性理論に支配された会議の進展に、東洋の、日本人であり、女性である「私」の発言を必要と感じたからでした。

胎児の人権

「人権」の部会で、私は「胎児の人権」について発言しました。

これはこの国際会議の直前、日本で行なわれた人口会議で強く感じたことでしたが、人間の出生に関わる人口会議で、三日間を通じて講師や運営にあたる人々のほとんどが男性であったことです。

会議をリードする男性理論からは、食料とか資源の問題からのアプローチが出てくるだけで、知らぬ間に人命の問題が合理的数量的な扱いに偏して、人工中絶もしかたないといった、人命の人工淘汰肯定の暴論が出てもきました。その直後の、このルーベンでの会議への出席でした。

そこで討議されていた内容は、人種差別や政治犯に対する拷問の問題でした。私は、「胎児の人権」について「大人と子供の人権に変わりがないように、生まれた子供と生まれる前の子供の人権のどこに変わりがあろうか。人間の出生にあたっての生命の否定の延長線上に、今討議されているそうした目に見える世界の問題が起こるのではないか。人命軽視の風潮から、すべて人権に関わる問題が派生してきているのではないか」と発言しました。

しかし、こうした人口問題が当時先進国と発展途上国の間に微妙な政治がらみの問題となっていたのか、人権の部会の議長であるアメリカの女性判事は私の発言に対して、「ここは人口問題の部会ではないから」とか、「それは宗教上の観点からか」と言って、なかなか取り上げようとしませんでした。

再三、私は勇を鼓して、「人権の部会だからこそ、あえて発言するのです。人口問題と人命淘汰《とうた》の問題とは自ずから次元の違う問題です。抗議も発言もできない胎児に代わって私は発言するのです。これは東洋の生命観に基づく、胎児を一人の人間と見る立場からの発言なのです。私はキリスト者ではないから宗教的立場から言っているのではない。宗教も政治もイデオロギーも関係なく、これは生命を生み出す母性としての、最も普遍的な立場からの発言なのです」と主張しました。

平和の定義

他の一つの部会「平和のための教育」で「平和」の定義について討議がなされた時、インドの参加者から「心身の調和のとれた状態」と提言がなされました。

それに対して私は「心と身体と環境、つまり心・身・環境の調和のとれた状態」を平和の定義とすることを提言しました。

これは私の生涯教育の基礎哲理をなす東洋の自然観に基づく発想であり、理論であって、はからずも野村生涯教育理念の国際会議における最初の発表となりました。

この会議の経験から、私の中に東洋と西洋の融合、女性と男性との融合への強い希求が生まれました。

ここから私の東洋から西洋へ、女性から男性へ、補完と統合の橋を架ける作業が始まりました。

初めての世界一周の旅と、初めての国際会議への出席という鮮烈に印象づけられた二つの国際的動機は、大きな覚醒《かくせい》となって私の人生の方向を地球ぐるみの生涯教育ボランティア活動に決定づけたのです。

こうして国内的、国際的、二つの強力な動機に支えられて、三十余年の私の生涯教育活動は、教育の本質を正すことにより、人間性復活をめざす二十世紀のルネッサンスとして、家族ぐるみ、社会ぐるみ、国際社会ぐるみの教育活動の展開となりました。

動機は目的を志向する

以上述べたように、野村生涯教育は動機に、

青少年の不幸
世界一周の旅
国際会議出席

という、こうした日本国内における足元の社会情況の中からの必然性と、同時に世界的、時代的観点からの必然性とを同時に持つゆえに、自ずから個人的課題から国際社会、時代的要請に応えるべき方向づけと、目的を志向しました。

第二節　既成の教育観の転換

人間性喪失の現代社会

十七世紀、デカルトの心身二元論の下に、物の世界を追求し、発達した西洋科学文明は、当然の結果として、物質的存在であると同時に精神的存在でもある人間存在の無視につながり、一方に非合理性を持つ人間を科学的合理的に処理し、精神的存在でもある人間を数量的、物的に扱うことにより、さまざまな分裂と矛盾を人間の上にもたらしています。

巨大な科学文明、物質文明のもたらす人間の物化、機械化、数量化は、人間の感性の欠如となり、倫理観、道徳観の喪失となり、人間性の崩壊をもたらしています。

この現状は日本においても、世界においても、各国共通して抱える現代社会の人間性喪失の病理現象と言えましょう。

例えるならば、世界という一つの池が濁水で満たされたようなもので、最も恐れることは、濁水の中にいると濁水が気にならなくなることです。異常な社会に住んでいると、異常を常態と思ってしまう感覚麻痺がそこに生じます。

生きた人間の問題を扱っていると、想像を絶した問題に多く触れます。

過日渡欧中にその事件の報に遭遇した、イギリスで起こった十歳児が二歳児を誘拐し、殺害した事件。アメリカでの少年による親殺しや銃の乱射事件は犯罪の低年齢化を物語っています。

日本においても、育児放棄をする母親、幼児虐待が増え、子供世界におけるいじめや暴力や精神異常はもとより、いじめの現場にいても止めようとしない子供。幼稚園児が同じ幼稚園児を怖がり、友達の持てない幼児。最近多く受ける相談に、一流大学を出、上級職試験に合格、中央官庁や一流企業に就職しながら、職場での人間付き合いができず家にこもる若者等々。

長年交流を持つ国際カウンセリング学会会長でロンドン大学名誉教授のホクスター氏が十年ほど前、イギリスで優秀な若者が「自分が何であるかわからなくなった」と相談に来られると話されましたが、日本でも最近、機械だけを相手にしているうちに、人とは対話ができなくなってしまう人が多く出てきています。

ロボット化した人間はすでに人間ではなくなっています。

いじめや暴力は、子供の世界や、また暴力団の世界だけではなく、週刊誌が報ずる優秀なエリート官僚の家庭内での暴力、企業社会のいじめ、テレビの報道が伝える大学生の退行現象による仲間同士でのママゴトや砂場遊びの話。社会の高級エリート職の人々がストレス解消のため、赤ちゃんのように扱ってもらう〈赤ちゃんクラブ〉に通う等、耳を疑う情報が多く聞かれ、異常社会の縮図をそこに見る思いがします。

さらに生態系破壊や核の脅威で、自らの手で自らの住む地球の存続を危うくする愚行。さらにそうした危険事態にまったく無関心な層のいかに多いか。どう考えても異常としか思われない、人間が人間でなくなっているとしか言いようのない現代社会の実態であります。

社会の実態は教育のバロメーター

社会の実態を見れば、教育が正常に行なわれているか否かが分かります。社会の実態は教育のバロメーターなのです。世界的に病理現象を呈している現実は、現代教育がいかに大きな歪みを持つかを物語っています。この現実は何人も認めざるを得ません。

こうした世界の病理的時代背景を背負っての教育改革にあたり、世界が新しい教育改革の理念を模索し、そこに登場してきた必然において、生涯教育はまさに人類史上最大の転換期における教育改革の役割を担って生まれてきたと言えます。

それゆえ、単なる弥縫策や方法論的教育是正では意味をなさないことを銘記すべきであります。

野村生涯教育は、前述したように、この教育の根本的欠落の正常化を図るため、抜本的改革を絶えず志向してきました。つまり、教育の原点に遡《さかのぼ》り、さらに人間の原点まで掘り下げることを通してしか、教育の本質への立ち返りのないことを結論としたのです。

生活のための手段、社会的地位獲得の手段、学歴社会のパスポート的知識技術修得の手段的教育を根底から問い直し、人間そのものを目的とした、生きた人間のための教育を取り戻す作業を始めたのも、こうした背景の考察によるものでした。

既成の教育観の転換の四つの要点

抜本的教育の改革にあたり、私は次にあげる四つの要点をもって、既成の教育観の転換を試みました。

①知識の教育から智慧の教育へ
②知育偏重教育から全人教育へ
③伝統文化学習から文化創造の学習へ
④時限教育から生涯教育（永久教育）へ

①知識の教育から智慧の教育へ

試験や成績のための教育は、単に詰め込み的、もの知り教育に終わっています。教育の目的が入試、成績ということになりますと、勢いペーパーテストのための単なる詰め込み的知識教育となります。

知ることは重要であります。しかし、単に知るだけで、生きた人間、生きた生活、そこに生かされる学びでなければ意味をなさなくなります。

知ったことが血肉となり、人格化され、行動、言動を通して自己の生きざまとなり、他者との関わりに生かされ、社会に価値となって還元される、つまり知ったことが実践されること、即ち「知行」一致により、はじめて知識は智慧となります。そうした智慧とならなければ、学ぶことは意味をなしません。

アルフレッド・N・ホワイトヘッドが「単なる知識しか持っていない人間が、この世で最も役に立たない退屈な存在」であると言っていますが、動乱の時代の予測し得ない人生のさまざまな事象に行き当たってそれを乗り越えさせてくれるものは、コンピュータや百科事典的知識ではなく、存在の根源に通ずる智慧でありましょう。

ここから「知識の教育から智慧の教育へ」の志向が生まれました。

②知育偏重教育から全人教育へ

受験のための教育からくる主要科目の重要視から、知育の偏向に陥りやすく、主要科目ができれば良い子、立派な子と教師も親も価値づけてしまいます。

知育、知育と、知育だけの偏りによって、いかに人格的に変則人間ができあがっているか。思いやりや優しさや、人の痛みを分かち合う、人間性の最も大切なものが失われてきているか。

真の知育は感性や意思を裏付けに持つことによってのみ成り立つもので、切り離した知育は真の知育ではあり得ないと考えます。

教育の目的が人格完成にあるならば、当然、人間性のバランスのとれた開発、つまり、知育、徳育、体育のバランス、知、情、意のバランスのとれた全人教育こそ、人間の可能性の十全な開発を可能にするものとなりましょう。

特に意志力の強さは、外部からの迫害や悪条件に対しての必要もさることながら、むしろ自己の内部からのさまざまな欲望や衝動、不安や恐怖といったものに耐え、乗り越えるためにこそ必要であり、この激動の不確実な現代社会を生きる上に、最も重要な資質となりましょう。

ここに現代教育の大きな転換の要点として「知育偏重教育から全人教育へ」を志向しました。

③伝統文化学習から文化創造の学習へ

教育や文化が時間的継続の中に伝承を基盤として成り立つ作業であるならば、伝承は単に過去の伝統をコピーとして復元するものではなく、時代の変化やニーズの上に新しい価値を創造し続けるものでありましょう。

宇宙時代を迎え、核を保有し、地球の共滅か共存かを問われる今世紀、既成の価値も権威も大きく変えざるを得ません。

巨大化した物質文明、機械文明が、反面、人間の精神面の開発を遅らせ、このバランスの崩れが人間性の崩壊や疎外をもたらし、さらに自然をも破壊し続けています。
科学文明を後戻りさせることは不可能です。

それゆえに今世紀を支配するこの巨大な物質文明を調整・制御し、誘導し得る強力な精神文化の創造こそ、残された今世紀人類の唯一最大の命題でありましょう。

この大命題への取り組みは、開かれた世界から、古今東西の不易の価値を学びとり、統合することによって、初めてグローバル文化の創造への足掛かりが得られ、真のグローバル社会連帯の新しい文化の創造が可能となりましょう。

この願いをこめ「伝統文化学習から文化創造の学習へ」を志向しました。

④時限教育から生涯教育（永久教育）へ

以上掲げた要点を集約し、「時限教育から生涯教育（永久教育）へ」の既成の教育の大転換を試みました。

〈学校教育即教育〉、「教育」とは「学校教育」との固定観念は、日本においても近代教育百十数年の間に、すべての人々に疑いなく定着してきた教育観でした。

しかし、人間が人間らしくあるための作業が教育であり、教育の目的が人格完成であるならば、生涯の一時期を限った学校教育期間の短期間だけでその目的を達することは不可能であることは当然の理であります。

生涯を通して自己を開発し、自己実現していくことが、教育本来の姿であることは何人も認めざるを得ません。

ここに既成の学校教育中心の教育観の転換、つまり一生涯の中の児童期、青少年期の一時期を区切った学校教育即ち「時限教育」から、教育期間を生まれてから死ぬまでの生涯に拡大した「生涯教育」への転換がなされ、「時限教育から生涯教育（永久教育）へ」を志向しました。

第三節　時代認識と自己認識

今世紀を生きる私たち人間にとって大前提としなければならない認識は、〈時代認識〉と〈自己認識〉であります。

つまり〈自分たちがどういう時代を生きているか〉の認識を持つことの重要さと、この自分の生きる時代の認識の上に立って〈自己とは何か〉を知る自己認識の重要さであります。

マクロ的時代認識と、ミクロ的自己の凝視、自己認識は表裏一体をなすものと考えます。

宇宙時代を生きる自覚

地球が宇宙に開かれ、宇宙から地球を客観視したこの世紀、二十世紀はまさに宇宙時代です。日頃茶の間で見るテレビも、宇宙中継を通じて見る番組が多くなり、地球の裏側のことが即刻目に入ります。気象衛星や通信衛星、さらに軍事衛星まで、さまざまな人工衛星、人工惑星が宇宙を飛び交っています。

月への着陸を可能にした今世紀、人類は他の天体への旅をも夢見ています。

しかし、こうした宇宙時代を生きる現実の中にあって、なおかつその認識が自覚に上るまでには、まだほど遠いものを感ずるのです。

地球が小さな共同体社会であること、核の保有に代表されるさまざまな地球を取り巻く危険な環境。こうしたマクロ的な時代認識と、さらに想像を越えた時代の大きな変革期を生きるときこそ、私たちは自己を見失わないようにしなければなりません。

私たちが自己を見失うことなく、この宇宙時代を生きる必要不可欠の条件は、より深いミクロ的自己認識と、より広いマクロ的時代認識であります。

さらに言えば、この二つは表裏一体の関係にあります。

我々は社会の一員として生きていますし、時代の流れの中で生きていますが、えてして社会を対象として捉え、時代を受動的に受け止めがちです。

しかし、時代を作り、社会を作るのは人間です。そして、自らの作った時代や社会から大きく規定を受けるのもまた人間であります。

それゆえ、己を知る自己教育、ミクロ的自己認識は、深くマクロ的時代認識に関わっているのです。

自己自身の存在の認識は、最もミクロの分野、つまり意識の分野の分析と探究から始まります。その意識が意志となり、行動を起こし、対象物との関係の中からさまざまな外界の環境を作りだします。

言うならば、最もミクロの人間個人の意識が集結して、社会現象や時代が作られるということになります。

ユネスコ憲章の前文にある「人間の心が戦争を造る」の意はこれを表わしていましょう。

ここに時代と教育の深い因果関係が浮き彫りにされてくるのです。

第三章　未来創造学としての生涯教育

第一節　未来世紀の展望

二十世紀の位置づけ

二十世紀は人類にとって特別の世紀であります。まもなく、あと数年で二十一世紀を迎えます。

未来世紀の展望にあたり最も大切なことは、今世紀、二十世紀の確認でありましょう。

それは、未来は単に予測するものでなく、未来は創造しなければならないからです。

そのためにこそ二十世紀の確認が重要になってくるのです。

そうした時、過去と現在と未来の三時を通して、より長期の歴史的変動を背景として見ていかないかぎり、真の今世紀の確認にはならないし、位置づけはでき得ません。

この意味から、私は今世紀二十世紀を、ひとつには人類史的、地球史的視点から見る観点と、さらにひとつ近代史の上から見る観点との、二つの立場から考察してみようと思います。

近代史の観点から二十世紀を位置づける

二十世紀は革命と戦争を特徴とした世紀と言われます。

一九一一年、辛亥《しんがい》革命により中国最後の清王朝が中華民国となり、一九四九年、再び革命により中華人民共和国が誕生し、一九一七年、ロシア革命によりロマノフ王朝が倒壊、ソビエト社会主義共和国連邦が生まれました。

二十世紀初頭、この二つの大国に起こった革命が、世紀末再び同じ国に起こりました。中国に天安門事件という動乱が起き、ソ連、東欧に民主化の大きなうねりが起こり、ベルリンの壁が崩壊、さらに七十余年間〈鉄のカーテン〉の堅固を誇ったソ連共産党政権がクーデターの失敗と共に脆《もろ》くも崩壊し、東欧各地に民族独立の革命の炎が燃えあがりました。

まさに二十世紀は革命に始まり、革命に終わる世紀と言えましょう。

戦争の世紀と言われる二十世紀を世界史の上から見る時、第一次大戦、第二次大戦を始め、ベトナム戦争、中東戦争、湾岸戦争、さらに大小さまざまな民族間、宗教間の対立紛争は世界に蔓《まん》延《えん》している実情です。

日本史の上から言うならば、一八九四年に日清戦争が起こり、ほぼ十年毎に日露戦争、シベリア出兵、第一次世界大戦への参加と続き、昭和六年から始まった満州事変、そして日中戦争を経て、ついに太平洋戦争へと拡大していった五十年の長い戦争の歴史が、昭和二十年、一九四五年まで続きました。

日本における二十世紀の歴史は、前半を戦争の動乱に、後半を平和憲法に支えられた平和国家として、鮮やかな明と暗のコントラストの歴史であります。

さらに私は、革命の世紀として別の角度から、二十世紀は〈科学革命の世紀〉であることを銘記したいと思います。

二十世紀の前半、物理学と化学が融合して物理化学となり、後半、分子生物学の台頭により生物学と非生物学、つまり生物学と物理や化学、工学がひとつになりました。これは科学にとって画期的な飛躍と言われています。

古典生物学においては細胞レベルまでの解明であったのが、今世紀後半、電子顕微鏡の発達などにより細胞内部のウイルスの正体や、遺伝子DNAの正体を解明してきました。

こうしたミクロ的生命の解明は、遺伝子操作や臓器移植やバイオテクノロジーといった、生命の歴史の中で、初めて生命を客観的に知り、扱う生物が現われたということであり、重大な意義を持つこととなりました。

これは原子物理学が生み出した核兵器に匹敵する、人間が手にした危険を孕《はら》む科学の産物であります。さらに一方、マクロ的宇宙開発が進む科学の革命的進歩が産業や軍事と結びついた時、その複合のもたらす危険を改めてさまざまな角度から感じ取られる今世紀です。

こうした歴史的革命、科学革命、さらに戦争紛争を特徴とした二十世紀を、どう受け止め、どう締めくくりをしたらよいのか、次の世紀への足掛かりはその上に立てられなければなりません。二十一世紀の構築を展望して、今日まで国においてもさまざまな改革が試みられてきています。行政改革、財政改革、政治改革、教育改革等々。

その中で、教育改革に当たる、ある日本の未来学者が、こうした改革が三つの長期変動を背景にして行なわれていると説かれていました。一つは戦後史、一つは近代史、さらに産業文明史、この三つの観点を挙げており、そうした歴史的長期展望に立ってこの改革がなされていると説かれていました。

しかし、私はそこに疑問を持つのです。もし二十世紀を未来世紀展望の転換軸に据えるならば、この長期変動の基準としてあげた三つの観点はまったくその用をなさないのではないか。長期展望と言うには、あまりにも近々の短期展望に属しはしないかと思うのです。

戦後史と言っても、まだたかだか半世紀の経過でしかありません。

近代史から言っても、日本の近代の出発が明治から始まったと見て、明治元年が一八六八年ですから、今日までせいぜい百二十数年であり、産業文明史と言っても、産業革命以後の歴史ということになりますと、十八世紀後半、イギリスに始まった産業革命から今日まで二百数十年の経過です。

人類史的、地球史的観点から二十世紀を位置づける

人類がかつて経験したことのない、この二十世紀という時代をクローズアップするためには、そしてさらに未来世紀の足掛かりを探るためには、人間社会の近々二、三百年の変動の背景の中からは到底不可能でありましょう。

その意味から、私は今世紀を人類史的、地球史的観点から位置づけることが必要であると考えるのです。

今世紀二十世紀の捉え方の中にそれを考察してみます。

第一の理由は、原始生命がこの地球上に発生し、そこに生息し、進化を続けて四十億年近い歴史をたどってきた、その間すべて地球上にしか存在しませんでした。

しかし今世紀、人間が初めて地球以外の天体へ足跡を印しました。これは今までの人類の歴史の中になかったことですし、地球の歴史上初めての偉業であり、二十世紀が特別な世紀である一つの理由であります。

第二の理由は、地球資源、地球の蓄えた財産を使い果たそうとしている世紀が今世紀であると

いうことです。

ヒトの歴史は二、三百万年前のオーストラロピテクスからの出発であるというのが一般的な学説のようですが、石炭ひとつ取ってみても、古生代、石炭期の頃からの埋蔵資源であり、石油、ウラン、天然ガス、あらゆる鉱物はすべて地球史と共に長い歴史の中を地球が蓄えてきた財産であり、資源です。その資源を近々、特に今世紀の人類が短時日の中で使い果たそうとしているのです。

第三の理由として、四十五億年と言われる地球生命史は、三十五億年の生命の歴史を持つ、人間をはじめ、あらゆる動植物の生存の母体として、生命をはぐくみ育ててきました。

その地球を滅亡の危機にまで追い込んでいるこの二十世紀の愚行。大気や水を汚染し、大地を汚染し、砂漠化し、細菌兵器、科学兵器、核使用に至っては言うも愚か、生態系破壊、環境破壊といった、自らの手で自らの四十億年の住処《すみか》を破壊し、存続を不可能にしつつあるのがこの二十世紀です。

こうした三つの理由から言って、単なる二、三百年の短期変動の歴史背景に立っての改革や未来展望ではなく、人類史的、地球史的長期変動の観点に立って、二十世紀という「現時点」を見据えるのでない限り、真の未来展望、長期展望は望むべくもありません。

さらに、それでない限り二十一世紀を迎える構えにはならないことを、私は強く主張したいのです。

人類にとって特別な世紀となった二十世紀の時代を生き、未来世紀への誘導の担い手となる人間の教育が、その責を負うにふさわしく、世紀的転換を要請されるのは当然の理でありましょう。教育は「百年の計」と言われます。この意味において未来は「今、現在」の教育によって造られるのであります。

ゆえに私は、人類にとって特別の世紀、二十世紀の要請を受けて生まれた生涯教育を、〈未来創造学〉として位置づけるのです。

第二節　教育の創造的転換

前述した人類史、地球史に位置づけた二十世紀という特別な世紀の要請に応える、教育の創造的転換を図るべく、私はここで「現時点」をより明確に捉えるために、現行の教育を近代史の脈絡の中で考察することから始めたいと思います。

近代化と教育

明治維新により長い幕藩政治体制に終止符が打たれ、国の体制が立憲君主制となり、近代化の歩みを始めたことにより、日本の教育にも大きな転換がなされました。寺子屋教育から学校教育への移行であります。

明治五年、一八七二年八月三日、わが国最初の近代学校制度に関する法令が公布され、欧米の学校制度を参考として、「家に不学の者がないように」と、国民皆教育の徹底が初等教育を中心になされました。ここに学校教育中心の教育が始まりました。

古来、教育の根本精神は国是に基づいてはいましたが、庶民の教育の歴史は、永く庶民の自主性のもとに行なわれていた多岐にわたる、言うならば生涯教育的感がありました。

しかし、近代学校教育において、ここに初めて国家と教育の強い関係が生じました。

さらに学制公布の年と同じ一八七二年十一月、徴兵制の詔書が出されたことを考え合わせたとき、ペンと剣とが同時に並んで進められた日本の近代化であり、また、国民皆教育、徴兵制、そして納税を三大義務とした富国強兵の日本の近代化の歩みに、長い鎖国による後れを取り戻し、世界に伍していくを急いだ日本の姿がそこにありました。

この時代、日本の近代化は内憂外患の渦中にありました。

国内においては十二世紀、鎌倉幕府開闢以来約七〇〇年にわたる武家政治から王政復古の変革、幕藩政治体制の解体による立憲君主国の新たなる出発という歴史的動乱期の最中にあり、加えてのこの時期、国外からは西欧列強によるアジア、アフリカの植民地化の嵐の吹き荒れる世界情勢の中に、長い鎖国からようやく目覚めた日本でありました。

時代の大きな変革期にあたり、急速の近代化は急務でありましたでしょう。

しかし、多くのアジア、アフリカの国々が味わった植民地化の屈辱をまぬがれ、さらにその後の治国、治安を維持し、繁栄をもたらし、独立国家の威信を保ち得たその根底に、私は古代からの長い歴史の上に積み重ねられた教育の歴史の集大成を見る思いがするのです。

第二次世界大戦と教育

この日本の持つ伝統的精神性をまったく喪失したのは、第二次世界大戦における敗戦の結果でありました。

それは自己や自国のアイデンティティの〈根こぎ〉を意味するものとなりました。

敗戦の最も大きな悲劇を私はここに見るのです。

そのことについては前（31ページ）にも述べたのでここでは繰り返しませんが、それはその後の日本の教育に暗く長く尾を引き、今に至っています。

戦後、平和憲法に基づき「教育基本法」が制定され、人格完成を目的として、個人の尊厳と社会、国家、世界の平和や福祉への貢献が、教育の基本精神として打ち出されてきてはいます。しかし、失われた伝統的精神の復活、定着は今後に長く待たなければなりません。

私は外国でたびたび次のような質問を受けました。

「今日本の教育は世界の注目を浴びている。それなのに何故、あなたはその日本の教育の抜本的改革を言うのか」と。

「教育に即効はありません。今日の日本の成果は、今日の教育にその因があるのではなく、まったく過去の成果の集積のしからしむるところであって、私が心を痛めるのは、一九四五年以降、根幹を失った根無し草の日本の現代教育です」と問いに対して私は答えています。

一九四五年の敗戦による、古代からの教育の基本精神の喪失、それは舵を失った航海のような無秩序の教育を意味しています。私が恐れるのは、今日のその教育の成果が問われる未来であります。

しかし、こうした国の歴史や、文化と教育との深い関わりにおいて持ち続けた独自性が失われた日本の戦後は、明治以降滔々《とうとう》と流れ込んできていた西欧の合理的科学思想、科学教育の洗礼が奔流となって、敗戦後の精神的価値判断の安全弁を失ったままの日本を洗い流しました。

農耕民族の勤勉さと誠実さは、飢餓状態の戦後の立ち上がりを経済志向の下に、生産第一、物質価値優先の下に、めざましく経済的発展を遂げさせました。

しかし、敗戦後の自信を喪失した後遺症を引きずったまま、生きる指針を失った無思想とも言える大人社会は、二十世紀の科学革命のもたらす急激な社会変動に戸惑い、不安と混乱の中にありました。

こうした主体的、精神的態度の欠如したまま、ひたすら経済価値を優先してきた大人たちの作った社会土壌の中での青少年の育成でありました。

自己中心のエゴイズム。物金、名誉、地位に基準を置く価値観。無秩序、無節操、モラルの欠如といった生活態度。こうした大人社会の意識、価値観、生活態度をモデルにして子供たちは成長してきたはずです。

子供社会はまさに大人社会の反映であるとするのはこの意味であります。

青少年の問題をたどるとき、このように背景をなす大人社会があり、さらにその大人社会の背後に、十八世紀の産業革命に比すべくもない激変の社会背景があり、さらにその背後に人類史的転換期と言われる時代背景があります。

こうした切り離すことのできない、しかも人類が初めて遭遇する複合的要因の縮図の頂点に、一九六〇年代の青少年の不幸の起因を見るのです。

私の生涯教育活動は、こうした背景のもとに始まったのでした。

ここに二十世紀を生きる人類の共有する教育課題があり、一九六〇年代を世界的教育のターニングポイントとする謂《い》われがあります。

世界的教育改革

たびたびの国際会議で私は、日本の社会に見られる若者の不幸は、先進国、途上国を問わず、今は世界的現象として噴出している現象であることを確認してきました。

巨大な科学革命の一面がもたらした人間の物化、機械化、数量化は、人間の感性の欠如となり、倫理観、道徳観の喪失が、人間性の荒廃や人間性崩壊をもたらしています。この現状は、世界が共通して抱えている不幸であります。

この世界の病理現象、ここにこそ世界的教育改革の要請を担って、新しい教育理念、生涯教育が生まれた必然があり、そこに課せられた役割の大きさを思います。

現代教育の三つの欠陥

私は現代教育に三つの大きな欠陥を見ます。

その第一は、科学的合理主義、数量主義の人間支配。

第二は、実践を伴わない観念論。

第三は、現実を忘れた理想的人間像からの出発。

第一の欠陥について言えば、人間はもともと非合理的な生きものです。物と違い割り切れないこの人間の非合理性を無視し、合理的な〈モノ〉を計る原理で人間を律したら、生きものである人間の教育とはなりません。

また、知能指数や偏差値といった数量的評価で人間が計られたら、当然それは生きものであり、精神を持ち、感情を持った人間を傷つけ、疎外した教育となります。

第二の「実践を伴わない観念論」は、今、学問や教育が観念論的、抽象的になってしまい、生きた人間や生きた生活から遊離し、役立たなくなってしまっています。

いつでしたか、東京の教育者の集まりの中で、「教育界ほど本音と建前の距離が離れている世界はない」と伺ったことがあります。

頭で考えることと、肉体をもって行動することとの間には、大きな隔たりがあります。〈知ること〉と〈成ること〉の大きな隔たりです。知ったことは肉体を通し、実践を通して、初めて己のものとなり、人格となるのです。何を覚え、何を答案に書き、どんな成績を取るか、そんなことが教育ではないのです。

現代教育が単にそのようなものになっているところに、人間性や社会を荒廃に導く教育の堕落があることを思います。

一億総評論家とも言われるほど、いま社会では立派な論が出つくしています。にもかかわらず、現実社会の改善はほど遠い実情です。「知行一致」こそ、生きた人間の教育に復活しなければならない原点でありましょう。

第三の欠陥、「現実を忘れた理想的人間像からの出発」は、いわゆる〈こうあるべき〉〈あ、あるべき〉といった理想的建前論からの教育の出発であります。

人間性の〈あるがまま〉からの出発でなく、〈こうあらねばならない〉と決めつけ、それを他人に要求するのは、建前論としては通っても、長い過去を持つ複雑怪奇な生きた人間の実体を無視したものとなります。

人間の遺伝子DNAは、過去の経験をすべて細胞にプリントして持っていると言われます。このことは人類の歴史と同じ、永い永い過去の経験をすべて内在して持つ一人ひとりの生命体ということになり、その長い過去からの制約を受けているのが人間であることを意味します。

こうした長い過去の制約を受けた人間の、肉体と精神の間の矛盾、撞着《どうちゃく》を知らなければなりません。

青少年問題を扱うにしても、また他者のそうしたものへの理解にしても、まず人間のこの矛盾、撞着を知る必要があります。我々が常に経験することですが、自分自身がまず、頭でわかってもできないこと、やろうと思ってもできないこと、やってはいけないと思っても、やってしまうことがあります。そうした自己の矛盾性がわかったとき、はじめて他者のそうしたものへの理解ができてくるのです。

人間は過去の長いルーツを持つがゆえに、表面意識と潜在意識とを持ち、善や悪の二面性を持ちます。その潜在意識の中に深い過去をひそめ、意識下の〈我〉、〈己〉を持っています。

それは同時に悪魔性と神性の両面を持っているということになります。人間が戦争という極限に追い込まれたとき、他人を殺すことを平気でしてしまう、あの恐ろしさは、やはり人間の中に内在している悪魔性の一面でありましょう。

自己を知り、人間を知る上で「理想と現実」「理論と実践」の間に大きなギャップがあるという、この肯定から出発しないかぎり、偽りがあり、また脆さがあるのです。

そのギャップや矛盾を埋めるものが人格陶冶《とうや》の問題であり、教育の問題であると私は思います。それを通してはじめて自己実現を可能にし、自己の、人間の本質に近づくのです。

この作業こそまさに熾烈《しれつ》な自己との戦いであり、善なる可能性の開発とはこの作業なくしてはあり得ないことを思います。

教育はすべてに優先する

〈政治と経済は連動する〉とよく言われますが、しかし私は〈政治・経済と教育こそ、より深い連動の下に作動している〉ことを主張しています。

なぜならば、政治、経済、社会はすべて、それ自体が機能するのではなく、人間こそがすべての諸機能の担い手であるからです。人間性の如何によって善政、悪政も生じ、経済、社会全般の善し悪しの成果もそこに生じるのであります。

それゆえ、人間がどうあるかの教育の問題は、政治、経済、社会のすべてに優先するものとして位置づけるのです。

しかし、現代教育は政治、経済の手段としてのそれに堕した感があります。倫理や道徳を置き忘れた政治、経済の優先が、物、金、利権の価値観の下にさまざまな歪みを現代社会にもたらしています。

政治、経済、社会のすべてに優先するものとして教育を位置づけ、既成の経済的指向を基盤とした教育から、人間の価値を基盤とした教育への転換こそ、諸悪の根源からの訣別を意味しましょう。

教育に専門家はない

二、三十年前、私は「教育に専門家はない」と謳って物議を醸したことがありました。しかし、生涯教育の立場から言えばそうなるのです。

その頃の生涯教育への理解は今日からはほど遠く、〈教育〉即〈学校〉の固定観念で固まっていた教育観からは、この言葉は受け入れられなかったに相違ありません。

既成の学校中心教育は、教育の対象となる被教育者は児童、生徒であり、教育の任にあたる教師または学者を〈教育の専門家〉としていました。

そして、〈教える人〉と〈教えられる人〉とは判然と区別されていました。教育の主体者は常に子供であり、教える側は常に大人であり、親であり、教師でした。

しかし、生涯教育の観点に立つとき、まったく発想地点を変えざるを得なくなります。

一人ひとりがすべて生涯かけて自己完成、自己実現をしていく主体者であってみれば、親も教師もすべての大人たちが教育の主体者となります。

それゆえ一方通行的教育作業はなくなり、教え、教えられる関係、つまり教え、学ぶ関係こそ教育のあるべき姿となります。

「教育に専門家はない」は、言い換えれば「一人ひとりがすべて教育の専門家」ということになります。

子供たちを含め、親も教師も大人たちも、すべての人間にとって、生涯は成長のプロセスです。未完の人間が、無限の自己の可能性へ挑戦する、絶えることのないプロセスが教育の作業であります。

しかしその中で、親と子、教師と生徒の関係においては、子供や生徒を育てる側の親や教師は、いわば芸術作品の作者とも言えましょう。

作品の善《よ》し悪《あ》し、つまり、子供や生徒がどう育つかは、作者の側に立つ親や教師のあり方が問われるのです。この意味から、教える者こそ、また常に学び、教えられる者でなければならないはずです。

三つのモットー

ここから私は次の三つを生涯教育のモットーに掲げて、既成の教育概念の転換を図りました。

子供の教育は、いついかなる場合にも親の自己教育である。
生徒の教育は、いついかなる場合にも教師の自己教育である。
人生にふれ合うすべての条件は、自己教育の教材である。

「生涯教育」と「生涯学習」

私がたびたび受ける質問に、「生涯教育」と「生涯学習」とどう違うのかがあります。

私はそうした質問に、以下のようなことをお話しして、お答えとしています。

まず第一に、「学校教育」を「学校学習」とは言いません。その意味で学校教育も含めて、家庭教育、社会教育の三者を総合し統合して『生涯教育』と呼ぶ以上、私は「生涯教育」の名称が適切であると考えます。

第二に、「教育」が「学習」になったひとつの理由として、〈教〉〈教〉と上から教え込むといった一方通行的なマイナスのイメージから、「教」ではなく「習」になったと言われています。しかし、「教育」のマイナスイメージはその言葉自体の歪みではなく、教育の本質をそのように歪めた人間自身にその原因があるのではないかと思うのです。

名称を変えるのではなく、人間自身が歪めた教育の本質を正せばよいことで、レッテルを貼り替えても中身が変わらないとすれば何の意味もなく、教育改革とはなりません。

例えるなら、科学の罪が問われる時、科学自体に罪があるのではなく、科学を用いる人間性に問題があるのと同様、教育自体の罪ではなく、教育作業にあたる人間に問題があるのです。

第三に、「教育」という言葉は、「教」だけではなく、「育」がある以上、「育てる」という意味があります。育てるには育てる何らかの要素があるはずで、それを導き出す、引き出す意味が含まれているはずです。

教え育てる「教育」に対し、「学習」は「学ぶ」だけになってしまわないだろうか。確かにそれぞれの自己学習の中から導き出すのではありますが、意図的であれ、無意図的であれ、私たち人間は学ぶ一面と教える一面を持っているのです。それゆえ「教」と「育」、教え、教えられる関係、学び、学び合う関係、それが人間社会に住み合う人間の姿でありましょう。

意図しようと、意図しなかろうと、私たち大人の姿を見て子供は真似てきます。それは意図せずして教育をしていることになります。まして、親や教師には子弟を教え導く責任があります。〈教〉〈教〉が一方通行であるなら、〈習〉〈習〉もまた一方通行的狭い概念になってしまいます。この意味から、本来教育とは〈教〉〈教〉でもなく、〈習〉〈習〉でもなく、学び教え、教え学ぶ、二つの作業を表裏一体で成り立たしめている作業でありましょう。

こうした意味から私は、「生涯教育」を「生涯学習」に変える必要はないと考えているのです。

要は「教育」か「学習」かの瑣末《さまつ》な論議ではなく、既成の人間不在の教育から、生きた人間のための教育を取り戻し、人間復活を目的に据えた教育へと、生涯教育に課された教育の創造的転換をいかに行なうかということでありましょう。

第三節　日本の歴史、文化に見る不易の価値

ひとづくりの伝統

教育とは何か、誰のためのものか、教育の目的は何かの探究を始めた中から、こうして生涯教育に至る動機を究明し、プロセスをたどり、目的を見定めて実践を進める中で、私はそこに私たちがやってきたこの活動そのものが、まさに日本の「教育基本法」に示されている精神「人間個人の尊厳の尊重と、社会、世界の平和と福祉に貢献し得る人材の育成」と照合することを見いだしました。

戦後、平和憲法に基づいて制定された「教育基本法」を私は誇りに思っています。

私は、この「教育基本法」と、古代日本の最初の平和憲法「憲法十七条」に基づいた教育に一致するものを見るのです。その両者の奥底に流れる精神に、私は人間にとっての不易の価値を見るのです。

教育が制度や管理の下に意図的作業として固定観念化されたのは、近代学校教育が始まってか

らのことであります。

人間の日々の成長の段階はそのまま自己実現のプロセスであってみれば、生涯教育の代名詞に使われる〈いつでも〉〈どこでも〉〈だれでも〉の言葉は、そのまま教育に冠せられる言葉であり、〈時〉も〈場〉も〈万人〉に開かれた作業が、まさに教育そのものと言えましょう。

言い換えれば、生活そのものが、生きることそのことが無意図的な〈教育〉そのものであったはずです。古代から人間は生きる上に、常に自然からも、社会からも、人からも、学び、教えられる存在でありました。

私が「人類史はそのまま教育史」と提唱する所以であります。

このことは後で詳しく述べることになりますが、長い人類の文化の歴史は、創造し、学び、伝えることの積み重ねの上に成り立っています。

国是の制定も、その国の大衆の（前述の広義の）教育も、自ずからその国土に育まれた資質によるものであり、その成果を古代から残された多くの文化遺産に見るのです。特に日本の歴史に残されたさまざまな文化には、やはりその背後にある、この国独自の教育の存在を感じずにはいられません。

防人《さきもり》や庶民までもが高度に洗練された歌を詠んだことを示す『万葉集』や、平安時代の女性文人たちの活躍などを見ると、この国では古代から身分、男女の別なく、ある水準をもった教育が、家庭なり、地域なりで確実に行なわれていたことがわかります。

また、神島二郎氏が指摘されているように、この国の国家形成が、大陸の国々のような力による支配に依ったのではなく、より高度な文化を上から下に伝えることによってヒエラルキー（階層制）を構成していったとすれば、換言すれば、この国では常に「国の精神」とも言うべきものが国家と国民を結び付ける紐帯《ちゅうたい》であったとも言えるでしょう。

そして、その日本の「国の精神」の背骨となっていたのは、仏教や儒教を受容した日本固有のアニミズムの精神的土壌であったと言えましょう。その精神的土壌の上に、さらに国の方針が平和に基づくとき、この国の大衆の民族性にも、教育にも、それが大きく反映したと思うのです。

国の指し示す精神性を根底に置いて、この国ではあらゆる階層で常に、いわゆる〈ひとづくり〉に力が注がれていたように思うのです。

「和」の思想――古代アニミズムの精神

日本の国の最初の憲法は、西暦六〇四年制定された〈和ヲモッテ貴シトナス〉を第一条に掲げた「憲法十七条」であります。

この平和思想に基づき日本の教育は、六〇七年、奈良に建立された学問寺法隆寺講堂において始まりました。

古代七世紀、大和朝廷は三度にわたり遣隋使を派遣し、七世紀から九世紀にかけては、十数度にわたり遣唐使を派遣し、大陸の学問、文物の吸収に努めました。

大陸文化の吸収によってもたらされた儒教、仏教は、その倫理性や道徳性を、日本国の最初の憲法「憲法十七条」にも、その後の明治憲法に基づく「教育勅語」にも、教育の背骨となる深い影響を与えてきました。

しかし、ここで私が強調しておきたいことは、言ってみれば国是以前に、教育基本法以前に、外来の文化以前に、日本の風土が育んだ日本土着の民族性とも言うべきアニミズムの精神性の存在であります。古代アニミズムは、森羅万象と共に生きる日本の人々の命の底流に流れ続けるソースであります。

よく外来の文物の吸収にあたり、〈和魂漢才〉〈和魂洋才〉と言われる〈和〉の〈魂〉とも言うべきものであります。

外来の異質の文化を排することなく受け入れ、溶解し、独自の重層文化を作り上げ、日本の国の体質を作ってきた、その根底に、古代から今も変わることなく流れ続けているエキスとも言うべきアニミズムの精神を見るのです。

憲法や教育方針は人間が作ります。しかし、憲法が国を作るのでもなく、教育法が人間を作るのでもありません。

「憲法十七条」に基づく教育にしても、「帝国憲法」に基づく「教育勅語」にしても、それそのものが国を作り、人間を導いたわけではありません。それを作成し、解釈し、用いる人間の意思や動機の如何が、さまざまな歴史的な結果を生んでいくのです。

しかし、私はそのもっと奥底に流れ続けて止まらない〈和〉の魂とも言うべき日本人本来の普遍的精神性の存在を、憲法や教育勅語の上に置きたいのです。こうした本来の資質が、国是や教育と相まって、その国や民族や文化を作り上げてきたはずです。

古代、飛鳥、奈良、平安朝時代と、そこに華開いた日本の文化の持つ高度の水準の成果にそれを見ます。

七世紀以降、日本の教育の変遷を見ていく時、日本最古の歌集『万葉集』に収録された四世紀から八世紀にかけての歌集に見られる、上は天皇家から防人や庶民に至る幅広い層の人々の歌い上げた香り高い情感、詩情に溢れた秀歌にもそれが見られます。

特に、十世紀、十一世紀にかけて、王朝文化に華開かせた絢爛たる数多くの女流文人たちの活躍は、おそらく同時代の世界の歴史をひもといても、例を見ることはないでありましょう。ブリタニカ百科事典に「世界で初めての重要な小説」と記されている『源氏物語』の作者紫式部、また同事典に「洗練と魅力を兼ね備えた作品」と記されている『枕草子』の作者清少納言を代表とする、多くの女性文人の輩出は、母系社会日本を特長づけるものであります。続いて、鎌倉、室町の文学、和歌、連歌、俳諧、能、狂言、茶道等、さまざまな文芸の流れ。こうした高度な文化に古代から連綿として続く教育の成果を見ることができます。

さらにそこに続く、一六〇三年から一八六七年まで約二百六十年間の江戸時代は、世界にも稀に見る長い平和の続いた時代でありました。

この時代、江戸幕府の昌平黌《しょうへいこう》をはじめ、全国各藩に三百に及ぶ藩校が開かれ、民間教育は私塾、家塾を含め五万を越えると言われる寺子屋教育が盛んに行なわれました。まさに支配階級から一般庶民に至る教育の普及でした。

日本の教育の特徴

こうして古代からの日本の歴史、文化をたどる中に、日本の教育の特長が見えてきます。ひとつには、全人格的教育が目的とされたことです。家事の手伝い、行儀見習いから、丁稚《でっち》奉公、芸事の習得に至るまで、また、武道においても、すべて精神面に重きを置いた人間らしい人間をつくる教育効果が目的に置かれていたことであります。

他のひとつは、教育の均等化というか、一般化です。

この二つを日本の教育の特長と見ることができます。

天皇、王朝貴族から、民、百姓に至るまでの歌が収録されたという『万葉集』に代表される教育の成果と文化の均霑《きんてん》は、諸外国に見られる階級差による教育の格差からは考えられないものであります。

すべての階層に至るまでの文芸の興隆は、平和主義的な、文化的な日本を象徴する大きな特長であろうと私は思っているのです。

ここに私が見るものは、平和国是に基づく日本の教育が、根幹に常に徳育を中心に据えた全人教育、つまり〈人間づくり〉であったということです。

そこには近代の〈学校〉〈教科書〉〈管理〉という「教育」のイメージでは捉え得ない、自由で主体的で幅広い、教育本来のモデルを見るのです。

「帝国憲法」や「教育勅語」がとかく論議の的になっていますが、その制定の背景にどういう意図があろうが、あるまいが、女性であり、庶民である私は、憲法や教育勅語を越えたところに不易の価値を見出し、人間にとって何が普遍的価値かを見出しているのです。

平和の定義と母性原理

私は国家的権威やイデオロギーや、政治的背景や意図によって立つ人々とは、まったく立場を異にした歴史観を持ちます。

女性という、命を生み出し、守り育てるものは、大地に直結した存在であり、生命を守り通さねばならない存在であるがゆえに、平和は絶対的価値であり、何が真実であるかを本能的に感得し、抽出する賢さとしたたかさを持つものであります。

世界を大海原に例えるなら、海面は絶えず波立ち、時として荒れ狂います。そうした表面に現われた変動が時代や歴史の動きでありましょう。その荒れ狂い波立たせる動きは、常に権力者や戦を事とする一部の人々によるものでありましょう。

しかし、波立った大海原も、その深い海底には動かない静寂な世界があります。

女性とは、例えればその海底に住む人々であるように思います。私はそこに権力や権勢に何の左右もされない庶民を見、庶民の心情を見るのです。

権力にも、名声にも、何の関わりもなく、長い伝統の中に息づいてきた、深海からの声を今こそ大にしていかなければと思うのです。

日本人の普段着の心情

日本を、またそれぞれの国を代表するものは庶民です。政治家でも権力者でもない庶民です。衣服で例えるなら、古代から着続けた普段着です。訪問着でも、江戸褄でもない、まして軍服ではありません。軍服を着た特殊な一部の人間が戦争という絶対悪を犯したときでも、日本の庶民は、たとえ男は軍服を着なければならなかったとしても、その心情においては普段着のままでした。

戦前を生き、戦中、戦後を生きる私が、普遍的教育活動を通して、世界の平和への貢献に生涯をかけるのは、日本の庶民の普段着の心情です。日本の庶民の、そして女性としての必然であります。

一九七八年、パリ・ユネスコ本部における第二回生涯教育国際フォーラム主催の折、議長を務められたポール・ラングラン博士が終了後、「それぞれの国にはイメージがある。日本に対しては好戦国というイメージが強かった。しかし、あなた方日本の女性の国際的平和活動に接し、私は日本に対するイメージを変えた」と語られた言葉に、私は一つの実証を得ました。ラングラン博士に限らず、アジア、ヨーロッパの多くの国際会議の場で、こうした言葉をその後もよく受けました。そのつど私は、日本の普段着の姿や、庶民の心情を証明し続けてきました。

女性であり、日本の風土に純粋培養された私は、日本の古代から着続けた普段着で歴史を語り、日本人を語りたいのです。そこに万人、万国に通ずる不易の価値を見出しているからです。

先に述べました一九七四年のベルギーのルーベンでの国際会議は、強い印象として「東洋の英智の補完」と「女性理論の補完」の必要性を私に痛感させました。

この時、「平和のための教育」の部会で私は、〈平和の定義〉を「心・身・環境の調和の取れた状態」と提起しました。

これは私が生涯教育の基本原理としている東洋の自然観に基づく一元論の哲理であります。インドの参加者が「心・身の調和のとれた状態」と提起したことに対し、私はその「心・身」を一元的に捉える上に、さらに人間を存在させる環境と一体で捉える「心・身・環境」の一元的哲理を説いたのです。

自然観についての詳述は第二部に譲りますが、万物万象は一つの生命に貫かれていると見る東洋の自然観は、生命観であり、人間観、世界観、同時に宇宙観であります。

従って、この「心・身・環境」の一元論は、そこから生まれるものであります。

十七世紀以降、科学文明を発展させた基礎原理として「心・身二元論」を信奉し続けたヨーロッパの人々にとって、ルーベンでの国際会議の折の「心・身・環境の一元論」の哲理は、初めて出会った哲理であり、それがいかにインパクトが大きかったかを、二年後の一九七六年のシンガポールにおけるアジア会議で再会した、ルーベンの会議の折の教育部会で議長を務められたドイツの故マリア・A・ルカー女史からの言葉で知りました。そして、その後この哲理の研究を始めたことも伺いました。

また女史は「環境との調和を強調するのは、日本が高度に工業化した結果、その必要からか」、また「心・身・環境を一つに捉えて考えると、個人の主体性がなくなるのではないか」と質問されました。それに答えながら、これらが二元論の哲学に基づいた西欧の方々の最も疑問とするところであろうと思いました。

この一元論の哲理は環境哲学にも通ずるものであり、その頃まだ大きな問題とはなっていなかった環境問題が、その後急速に浮上してくる時代を迎え、この環境哲学は時宜を得た大きな意義を持つこととなりました。

三年後の一九七七年、ルカー女史はドイツのご自宅に、学者、平和活動家などを集められ、私のためにミーティングを企画されました。

このときの会合を契機として、ＥＣレベルでの参加者の名簿が作られ、生涯教育国際フォーラム開催への発展となりました。

同年、東京において第一回生涯教育国際フォーラムを開催。翌一九七八年、パリ・ユネスコ本部において第二回を開催しました。

それ以後、四年ごとにユネスコ本部で開催する国際フォーラムや、世界各国で開かれるさまざまな国際会議で、何十回となく、この哲理を教育原理として説いてまいりました。その反応の大きさに、いかに近代を超える不易の価値として世界に貢献できるかを確認してまいりました。

こうした教育原理は、「母性原理の国・日本」に生まれた哲理であります。

私の生涯教育活動は、一つにこの哲理、理念を「知的基盤」として持ち、さらに「母性原理の国・日本」の風土に育まれた女性の持つ感性や和らぎを「情的基盤」として他の一つに持ちます。「永遠への目を開かせてくれた母親」と言ったロマン・ローランが、第一次世界大戦のさなかに語った「女性たちよ、あなたたちは戦争の起こる前に男性たちに戦争をやめさせることができたはずなのに」の言葉。

また、オーストリアの映像作家ヨルク・A・エガース博士の「世界の母性の心を集めたら、世界平和は実現するだろう」の言葉。

これらの言葉は、両性をこえた生命を生み出すものへの限りない讃歌であり、そこに示されているのは命を生み出す母性の持つ、最も万人普遍に通ずる価値でありましょう。

母性原理の国・日本の貢献

一九七四年に初めて出席した国際平和会議で強く希求した東洋と西洋の文化の融合を、私はその後の国際交流を通し、東洋から西洋へ橋を架け続けることによって試みてきました。

その長い国際活動を通じ、実に多くの実証や評価によって、東西の文化の融合への確実な手応えを得てきています。

一、二例をあげますと、一九八二年、ドイツのケルンにおける第三回国際フォーラムの折、ポール・ラングラン博士がご挨拶の中で「……東洋と西洋の間の理解を広げるためのこのフォーラムは、非常にユニークな機会である。我々がいつも東洋と西洋の橋渡しができないでいるのに、あなたはまさにそれを試みている。そこに基本的な違いがある……」と述べられたこと。

また、一九八五年九月、ロンドン大学教育研究所に、当時の所長デニス・ロートン教授とヤヌス・トミヤック教授をお訪ねした折、ロートン教授が「西洋と東洋の統合に対し、あなたはどのようにアプローチしているのですか」と質問されたのに対し、私は「西洋の合理性と東洋の非合理性、また西洋の理性と東洋の感性といった、それぞれの特性となっているものの補完と統合を試みています。

東洋の、ものを相即して見る、表裏一体の不可分の関係において見る考え方や総合的な見方は、すべてが分断され、孤立化し、対立している現代社会の不幸な現象に対して、解答を持つものと思います。

日本がもともと持っている全体的かつ不分別の文化が、西洋の峻別相対の文化に対して、大きく補完していく役割を持つと考え、その試みを生涯教育を通して行なっているのです」と答えました。

すると教授は「ヨーロッパにとってこれは未開の分野であるだけに、大変興味があります。社会の分解、崩壊を抱えるヨーロッパにとっては、いまお話のあった統合教育が重要な課題です」とおっしゃられました。

その後持たれた教育研究所の方々とのミーティングの中では、日本とイギリスの比較教育の研究者コウエル教授が「これまで東洋思想を語る人はいたが、あなたのように東洋の英智と、西洋の合理思想を統合する理論は初めてききました。オリジナルな発想だと思います。しかもそれを教育活動として実践されていることは実に驚異だ」と感想を述べられました。

こうした評価を通し、最初の国際会議の折思った、西洋の科学文明と東洋の精神文明の統合がなされたとき、第三の文明の創造がなされるであろうことの期待が、可能性をもって実感されてきました。

女性という、庶民という世界的共通項に立って、女性であり、庶民である、東洋の日本人の私が、異文化の統合を図ることにおいて、そこに大きな成果を期待できることを思います。

私は「母性原理の国・日本」の貢献をそこに見ているのです。

一九九四年、パリ・ユネスコ本部で主催した第六回国際フォーラムにおいて、テーマ「宇宙時代の新秩序の模索――未来の子どもたちのために――」の基調講演の中でも、「母性原理の国・日本の役割」について話しました。

私の生涯教育の原理は、東洋の自然観から生まれた、言い換えるならば、母性原理の国に生まれた哲理であります。

世界の神話の中で、女神を神の長としているのは日本だけであると聞きます。

日本の国は、女神を始祖とする神話を持ち、古代から母性原理の国、母系社会の体質を特徴としています。

それに対比して、西欧の国々は父性原理、父系社会と言われています。

〈女性〉〈母性〉と〈男性〉〈父性〉には、それぞれ特徴があるし、それぞれの長短があります。女性には生物的な機能からいって、命を生み出すという特徴があります。命を生み出し、育て、守るという特性から、愛とか融和とか、やわらぎ、包み込むといった特徴を持っています。

それに対して男性は、長い歴史の中で家族の生活を守るという役割を担っていましたから、食料を得るため、外敵の攻撃から守るという役割から、力とか闘争とか攻撃性というものを特徴として持ちます。

そして性格的にも女性は感性的であり、情緒的であり、粘り強いということもあります。男性の方はどちらかというと理性的で、論理的で、そして断ち切るという性格を持っていると思います。もちろん両者に例外はありますし、特に最近は大きく変わってきているとは思います。

母性原理と父性原理を比較しても、日本の母性原理が〈あれもこれも〉とすべてを包み込むのに対し、西欧の父性原理は〈あれとこれ〉を両極に峻別します。

これがいわゆる〈統合の理論〉と〈峻別の理論〉の相違を生み出します。たとえば峻別の理論では、〈勝ちと負け〉は両極であり、勝つことと負けることは別のことになります。しかし母性原理の国・日本には〈負けて勝つ〉という考え方があります。また〈柔ヨク剛ヲ制ス〉という言葉もあります。両極にあるものを表裏一体で捉えるのです。また、峻別の理論では物と心を分けますが、統合の理論は物と心をひとつに捉えます。また、西欧では自然と人間を分けて見ますが、東洋では人間と自然をひとつに捉えます。

ここに、人間と自然を分けて見る相対理論からは〈自然支配の思想〉が生まれ、人間と自然をひとつに見る相即理論からは〈自然との共生思想〉が生まれます。

さらに多神教と一神教の違い、家族主義、集団主義と個人主義との違いと、このように大きく特徴が分けられてきます。

そして父性原理の〈あれとこれ〉を厳しく二極に峻別する論理は、必然的に対立、抗争を生みます。個人的にも、家庭内でも、国家間でも、今の世界はすべてがその様相を呈しています。もしそこにこの母性原理の融和と統合の理論が補完されたら、それはものすごく大きな世界の救いになろうと思います。

これは三十余年の生涯教育活動の中で、枚挙の暇もないほど、人間間の対立、抗争の解決の実証を得てきた上で申し上げることです。

人間の問題は、国内も国外も、共通したものであるはずです。

今は峻別の思想から生まれた科学思想、科学文明が世界をリードしていますが、そこに当然行き詰まりも出てきています。

そこに私は、この母性原理が持つ二者を止揚統一する融合や統合の理論や、共存の理論が補完されたら、分裂した社会に大きな救いとなるだろうことを確信しています。

オーストリアの哲学者フレデリック・マイヤー教授が、私への書簡の中で言われた「……貴女の生涯教育と人間の精神的可能性に寄せられるその強い信念は、憎悪によって引き裂かれている現代の世界が、いま最も切実に必要としているものである。貴女の思想は未来の新しい世界に貢献するものである」の言は、まさにその母性原理の今日的価値を評価するものであると思うのです。

それをめざして私は、長い間、国内・国際活動を通して日本の思想、哲理の顕彰をし続けてきているのです。

日本は、その母性原理による調和と統合の智慧による平和思想によって保ってきた国だと思うのです。それだからこそ、さまざまな国内的争乱はあったにせよ、ひとつの国として二千年近い歴史が、保たれてきたと思います。

少なくとも、第二次世界大戦のあの愚かな許しがたい暴挙まではそうであったと思います。

戦争は常に男性の主導で行なわれてきています。女性が軍隊を率いて戦争をしたということは、古代からの歴史にもないことです。

西欧社会は力と闘争による、目には目、歯には歯という父性原理の対立理論によって、民族、宗教、国家の間に殺戮《さつりく》が繰り返されてきた歴史でありました。

しかし、その長い戦争の歴史に終止符を打たざるを得ないのが、この原子力時代の必然です。

そうしたとき母性原理の愛や柔らぎや、両者を摂取する哲理が、この憎悪の対立や抗争、戦争に対して、その統合の働きをしていったら、これは世界への最も大きな貢献になり得ましょう。それが唯一「母性原理の国・日本」にはできることですし、やらなければならないことと思っております。

私たちの長年の国際交流の成果は、いま世界七大陸にわたり、先進国、第三世界、富める国、貧しい国、自由主義国、社会主義国、共産主義国と、八十余カ国へのネットワークの広がりになっています。

この事実こそ、民族にも、宗教にも、イデオロギー、言語にも、何の抵触もなく、その差別や対立を越えて、〈人間復活〉という不易の価値として、世界の平和への貢献となり得る実証と考えております。

第四節　コペルニクス的転換が意味するもの

人類が前例を持たない時代を生きるという意味を、最も適切に表わしているのが〈コペルニクス的転換〉という言葉でありましょう。

十六世紀、ポーランドの天文学者コペルニクスが、地球中心宇宙説から太陽中心宇宙説への転換を唱えました。その天動説から地動説への転換、それは正反対への切替えを物語っています。

しかし、言うならばこの十六世紀の大転換の意味するものは、認識の上での宇宙観や世界観の観測の狂いの訂正であったのに対し、二十世紀の〈コペルニクス的転換〉の意味するものは、ただ単に観測の間違いの訂正では済まされない、人類が生き残れるか、地球が存続できるか否かがかかっている重大な意味を持った言葉となっております。

私は今世紀がこの〈コペルニクス的転換〉の言葉に最も代表される世紀であることを、次にあげる三つの重要な観点から述べることにします。

ひとつは、人類が原始生命発生以来三十数億年生息し続けた唯一の惑星地球から、他の天体に初めて足跡を印した〈世紀〉であること。

ひとつは、太古以来の埋蔵遺産の使い果たしの危惧をもたらす〈世紀〉であること。

そして最大の要点として、地球の存続の問われる〈世紀〉であるということ。

この二十世紀という人類史上最大のターニングポイントの世紀の転換は、まさに天動説から地動説への正反対の転換に匹敵します。

既成の価値観の全くの転換が要請される所以であります。

ここに中世ルネッサンスを超えた人間の復活が急がれているわけであります。

現代の思想状況

科学技術文明がいま確実に一つの行き詰まりを呈しています。

今世紀にあって、カール・ヤスパースやアーノルド・トインビーが〈今世紀は別の哲学を求めている〉と指摘したことも、現代の思想的状況が求める重要なポイントがグローバルな視点にあることと考え合わせ、当然のことと受け止められます。

世界における思想の源流を代表するものとして常に挙げられるのは、西洋においてはギリシア哲学、キリスト教であり、東洋においては仏教、儒教であります。

極東に位置する日本はまた、独自の重層的思想体系を持ちます。

世界史に位置づける東洋思想

今まで東洋の思想は、東洋史の中にだけとどめられ、世界思想史の表舞台に位置づけられてこなかったきらいがあります。世界で最も古い文化を発祥させた中近東やインドや中国の思想は、西欧に華開いた科学文明の陰に隠されていました。

しかし今、世界の識者たちをはじめ多くの人々が、今後西洋の文明だけではなく、東洋の文明に学ばなければならないと言っています。

この言葉は、東洋思想が最も必要な時宜を得て、最も必要な価値として、世界から求められていることを示しているのでありましょう。

今こそ、東洋思想、哲学を、世界思想史の中に位置づける時代が来ていることを思います。

文化の吹き溜まり日本

私はその精神の原理が、東洋の精神文化のソースに、そして世界の〈文化の吹き溜まり〉である極東の地、日本という国土に育まれた思想にあることを確信するのです。

一つの思想の成立ちは、その国土の風土、気候、気温、湿度、地理的条件といったものが大きく与《あずか》って、それらの要素の複合の集積がそこに根づかせた根でありましょう。また、その人間の生い立った土地柄や人情といったものが思想を培養する働きをするのでしょう。

一人の人間にしても、一つの民族にしても、そうしたアイデンティティが歴史も文化も思想も形成するのでありましょう。

日本の置かれた地理的条件や特殊性は、日本人の思想、意識構造に大きく影響しています。さらに極東に位置し、周囲を海で隔てた日本は、孤島にも似た条件を持ちます。多民族の行き交う十字路的大陸の地理的条件と異なり、大陸の端の行き止まりの地に位置しているゆえ、人や文物の交流は行き交うのでなく、出かけていくか、来るのを待つかのどちらかで、長い間受信国としての歴史を持つ中で、ちょうど道路の端に落葉が吹き溜まるように、外来の文物のすべてが集積されました。

そうした日本を、私は〈文化の吹き溜まり日本〉と考えています。

今、急がれていることは、今まで東洋史、または日本史の中だけに位置づけられてきたがゆえに、特殊性としてのみ尊重された日本や東洋の思想、価値の普遍化でありましょう。

その普遍化の可能性を、私は二つの面から進めています。

その第一は、世界の思想を包摂した日本人の思想的重層構造の強みにおいてであります。

第二は、世界的教育改革期を迎えている現代、教育作業という最も普遍的作業を通じてであります。

日本文化の「溶鉱炉説」——第一の普遍化の可能性

日本が過去からなし続けた異質の多様な文化の取り入れは、錬金術にも似た見事な作業と考えます。こうした日本の重層文化構造を、私は「溶鉱炉説」として説いてきました。

古代六〇七年から始まる遣隋使は、六〇八年、六一四年と続き、さらに六三〇年から八九四年に至る十数度にわたる遣唐使による大陸文化吸収は、シルクロードを通って、ギリシア、中東の国々、インド、中国、韓国と、民族や国々を経て、外来文化として日本古来のアニミズムの精神的土壌に溶解され続け、さらに近代、西欧科学思想も加わりました。

日本固有の古代アニミズムが特徴とする「万有精神論」は、外来の異質の文化を排除することなく、〈自然体〉そのまま、〈肯定〉と〈調和〉ですべてを受け入れる要素を持ちます。この要素が世界文化を包摂し溶解し、独自の重層文化の形成を成し遂げたものでありましょう。

もしいま逆に、溶鉱炉の中から、古代からの貴重な一つ一つを取り出して点検し、改めてすべてを総合し直してみたとき、コペルニクス的転換期と言われる、今世紀に相応《ふさわ》しいグローバル文化、第三の文明の創造に一つの手掛かりが見えてくるように思うのです。

今まで世界の多くから受け手としてだけ、受けてきたからこそ、今度は世界にお返しする時が来ていることを思います。

この重層文化の構造は、私が生涯教育理論を構想するにあたり、直観的、哲学的、科学的要素を総合して思考することを可能にしました。

それゆえ、ここから構築された教育原理や教育手法は、長い国際活動を通して、先進国、発展途上国の別なく、宗教、イデオロギーに抵触なく受け入れられてきたのです。

この実証の中で第三の新しい文明の創造に確かな手応えを得てきています。

教育の持つ普遍性――第二の普遍化の可能性

第二の普遍化の可能性として、人間の尊厳に至る、人間そのものを目的とした教育の本質的作業は、国家も、宗教も、政治も、イデオロギーも、すべてを越えた人類普遍の作業であります。

日本の教育の基本精神は、平和憲法に基づいて作られた、「教育基本法」を拠り所としています。「人間個人の人格完成を主軸とし、社会、国家、世界の平和と福祉に貢献できる人材の育成」を目的としています。

私は日本の「教育基本法」は世界に誇り得る、万人の納得し得る普遍的価値を有するものと信じています。

この精神の下に今、世界的教育改革の理念として生まれた生涯教育という共通の教育作業によって、世界が共有する不幸や危険に立ち向かったとき、人類の進むべき方向が見出され、人種や国境を越えて、人間の尊厳が復活し、万人が希求する人類の福祉や平和が成就し、真の普遍的教育の真価の成就することを確信するのです。

第五節　ルネッサンス完結への道

一九九〇年にパリ・ユネスコ本部で主催した第五回生涯教育国際フォーラムの折、「教育」の分科会でオランダ・ユトレヒト大学社会学部のテウス・J・カンプホルスト教授が「まだルネッサンスは完結していない」という発言をされました。

それを承《う》けてロンドン大学教育研究所の所長デニス・ロートン教授が「ルネッサンスを完結するためには、文明史的転換が必要であり、今まで西欧は科学的合理主義ですべてが解決できると信じていたが、しかし今、西欧は行き詰まっている。野村生涯教育センターは、我々が立ち返るべきその領域を扱っている」と締めくくられました。

この折、私は一九九四年の第六回国際フォーラムにおいて「ルネッサンス完結への道」を、次の三つの見地から述べました。

第一が文明史的見地から。

第二が世界史的見地から。
第三が人類史的見地から。

文明史的見地から

文明史的見地から見ますと、近代を支えるものは西欧科学文明でありました。言葉を換えれば、機械文明、物質文明とも言えましょう。そこに勢い道徳や秩序、伝統的価値の否定がなされてきました。

しかし今、科学文明の大きな行き詰まりが露呈してきています。内的には人間性崩壊が起こり、外的には生態系破壊といった人類の存続を不可能にしつつある状態が出現してきています。

科学を後戻りさせることは不可能です。そこに科学文明を調整・統御し、かつ、誘導する新しい第三の文明の創造が待たれています。そのために、世界はいま別の哲学を求め、別の原理を求めざるを得なくなってきています。

デカルトが十七世紀、人間を探究する上の方法論として、「心身二元論」を打ち立て、そこに科学の発展を見たと言われます。

私は「心・身・環境の一元論」をもって、人間とは何かを究明してきました。

これは十七世紀以降の科学文明をリードしてきたデカルトの二元論的思想を超えるものであり、ロートン教授が「文明史的転換が必要」と言われた、そのことへの解明にもなります。これこそ「ルネッサンス完結」へのひとつの道にはならないでしょうか。

世界史的見地から

第二の世界史的見地から述べることにします。

今まで世界の歴史はすべて西欧の目を通し、西欧の目から見られ、西欧の価値観から評価されてきました。

もし、アジアの目で世界の歴史を見直したとき、まったく別の視点、別の現実が見えてはこないでしょうか。まして日本の評価は、ほとんど第二次世界大戦前後からと言ってもよいだけに。西欧からアジアを見、アジアから西欧を見、その総合的立場から改めて世界の歴史を見直したとき、まったく新しい世界史の観点が生まれてきましょう。

紀元前からヨーロッパの歴史は、国境や民族の入れ替わりや、十字軍に見る宗教戦争といった闘争の血塗られた歴史でした。中世のヨーロッパは、ルネッサンスと共に十五世紀、大航海の歴史が始まりました。

一四九二年、コロンブスのアメリカ大陸の発見を機に、世界を制覇し続けました。太平洋を渡り、大西洋を渡り、南北アメリカ大陸、アフリカ大陸、インド亜大陸、オーストラリア大陸、アジア大陸へと侵略が続き、土地の収奪、原住民の殺戮、土着文化の破壊が行なわれてきました。

さらにロシアが南下を窺い、世界覇権情勢の中で、アジアの小さな島国日本の脅威は大きかったと思います。

こうした中で十六世紀の終わり、日本にはじめてポルトガル人が姿を見せました。一六〇三年に成立した江戸幕府は、鎖国をもって侵略を防ぎました。この三百年の平和は、独自の豊饒《ほうじょう》な文化を醸成した時代でもあります。

日本が再び外圧を受けたのは、十九世紀になってです。この時期、日本は内憂外患の危機を迎えていました。十二世紀以降七百年間続いた、長い武家政治が終わり、王政復古し、立憲君主国へと移行した革命期でした。

この状況下における外圧は、長い鎖国の続いた後の小国日本に、大きな苦悩と戸惑いを与えました。それまでアジアの多くの国々が植民地化された例を見ているだけに、権益を保持し、独立を維持するため、富国強兵の実をあげ、世界の仲間入りを急がなければならなかったことが推察されます。

こうした世界歴史の大きな流れの中で、一八九四年、日本ははじめて外国と戦いました。爾来約五十年間、一九四五年の第二次世界大戦終戦まで、その延長線上にありました。

言うならば大航海時代からの約五百年間にわたる西欧の覇権の脅威への反動として、日本の不幸は起こったと言えます。こうした観点は今まで西欧中心の歴史観からは、まったく語られてきませんでした。

どこの国も栄光と恥辱にまみれた歴史を持ちます。しかし、統一国家として二千年近く、平和国家としての歴史を持ってきた日本が、この歴史を汚した五十年というものの罪過に、私は日本人として悔やみきれないものを持つのです。

私がここで強調したいことは、西欧の五百年の覇権が長く、日本の五十年の戦争が短いと言っているのではありません。絶対悪である人を殺す戦争に、期間の長短の言い訳は許されません。また、動機において侵略と防衛の違いをあげつらうのでもありません。そんなことを言おうとしているのではないのです。

私がここで言いたいことは、果てしない愚かな戦いを繰り返す、人間の無知について究明しなければならない、ということです。

人間の〈業〉とも言うべき長い戦争の歴史の終結は、人間一人ひとりが戦争の元凶を自己の人間性の内奥に潜む凶暴な本能的習性に見いだしたとき、さらにそうした未見の我との熾烈《しれつ》な闘いを通し、自己の人間性陶冶と取り組んだとき、はじめて他者との闘いに終止符が打たれることを信ずるのです。

人類史的見地から

第三の人類史的見地から述べます。

人類史三十数億年の系統発生から見れば、知恵ある現生人間ホモサピエンスとしての人間の歴史は、まだ二、三百万年という短い歴史であるということです。

事実、人類や地球を破滅に追いやる愚かな行為は、知恵ある大人の行為とは思えません。

人間は原始生命発生以来、長い進化の過程を経て、両棲類、哺乳類、類人猿、現生人間へと、下等動物から高等動物へ、ホモバイオロジカスからホモサピエンスへと、長い歴史をたどってきました。その過程の痕跡を潜在意識のすべてに蓄積して持っているのが人間であります。

意識の構造を氷山に例えるならば、氷山の水面上に出ているほんの一部が表面意識、あるいは顕在意識であり、水面下の大部分を占める氷山が潜在意識の分野です。現代人が絶対視する理性の働く範囲は、実はこの水面上のほんの一部である表面意識の分野です。この膨大な水面下の潜在意識の中に、人類四十億年と言われる長い過去の生物人間としての、さらに遡っての原始生命からの歴史を持っているのが人間であります。

この潜在意識の部分は、自己の内部を内省、分析したときにある程度はわかりますが、それはごく僅かな分野で、その底の底には何十億年を生きてきた人間の長い過去の蓄積があり、従って誰もが自己の知らない〈未見の我〉を持っている。そうした始末に負えないものが人間であると私は思っているのです。

現代人が絶対視している理性というものが、この潜在意識の制約の前にいかに脆いか。それは日常生活の中でよく経験することです。

やってはいけないと思いながらやってしまう、やろうと思ってもできない、そうしたことは生活の中で始終経験することです。

人類のこの三歳児的自己中心性や無知、そして欲望、嫉妬、羨望、憎悪、残虐性といったものの陶冶こそ、現代教育が見落としてきた分野でありましょう。

私はさまざまな青少年の問題を通し、背景の根の深さに、方法論的弥縫策がいかに不毛であるかを痛感してきました。

結論として、教育の抜本的改革を人間の原点にまで掘り下げ、〈人間とは何か〉の深い探究を人間の意識下まで掘り下げたとき、そこに戦争の原点も、平和の原点もあることを見いだしたのです。

そこから三十数年来、人間性の復活をめざし、人間の無限の悪の可能性の陶冶と、人間の無限の善の可能性の開発と、この両面からの教育作業を通して生きた人間との取り組みを始めたのです。

人類三歳児的無知や欲望からの脱却を、ホモバイオロジカスからホモサピエンスへの進化のプロセスに沿って、さらにホモクリエイタスへの開発をめざすことにより、人間の本質である真の叡智への目覚め、平等の尊厳への到達がなされることを思います。

二十世紀のルネッサンスは、はじめてここに完結することを思います。

今日、人類史的転換期を生きる時代意識の目覚めにおいて、はじめて「現代」のルネッサンスへの道は開かれましょう。

もし中世の人間復活が、人間が神に代わって自然を支配する、万物の主の代役をするものであったならば、その無知と欲望と傲慢からの覚醒による二十世紀の人間復活は、中世のルネッサンスの次元を超えた、神とも自然とも共生を図る、慈悲や、叡智としての「人間復活」によってこそ、と私は願うのです。

このことこそ、生涯教育を通し長年、私が目標とした重大事でありました。

第六節　「未来創造学」としての生涯教育――理知から叡智へ

二十世紀を人類史的、地球史的観点から位置づけた時、今世紀が初めてその意義の大きさにおいて確認されましょう。

現象世界のすべての事象は、過去、現在、未来の三時の流れの推移の中で継続しています。現時点からの、より長期の未来展望は、現時点に至る、より長期の過去からの変遷を踏まえた上に初めて打ち立てられるはずです。

人類史、地球史の中で、人間がはじめて遭遇する未曾有の時代認識に立ったとき、そして、人類や地球の未来存続に二つの選択を迫られている今世紀、人類の運命も、地球の運命も、人間の手中にあるとき、人間教育に課せられた使命の大なるを思います。

これまでの人類の歴史は、すべてを外に、物の世界に求めてきたわけですが、限りある有限の世界での求め合いは、結果として必然的に奪い合いとなりますし、果ては殺し合いにもなりますし、破壊し合うところまでいってしまっているのだろうと思うのです。

私は最後に残る資源として、外に求めるのでなく、物質に求めるのでなく、人間の中に求めたらよいではないかと思うのです。

人間という資源、そして愛というエネルギー、それを掘り起こしたら、どんなにすばらしい潤いを人類に与えるだろうかを思います。

〈外なる〉物の世界は有限ですが、〈内なる〉世界は無限であります。一人ひとりの人間が、無限に埋蔵している〈内なる〉資源、叡智を開発していったとき、これは尽きることもない資源でありますし、他に与えれば与えるほど、より大きく限りない活力を生み出すはずのものですから。

それは〈生き残る〉という至上目的を、今世紀の全人類が唯一共有したこの極限の時代、人類の救いに残された唯一の道であることを思います。

人間という資源から、その本質である善や叡智を引き出していったら、その開発は無限に未来創造を続けるだろうと思います。

今日まで人類は、長い進化の過程をたどって今、ホモサピエンスの段階に来ているわけです。しかし、生き残るという至上目的のためには、人間の理性である理知のレベルをさらに超えた叡智への昇華を必要とします。

宇宙そのものの理性、叡智。宇宙から生まれた人間という資源の奥にある、その愛や叡智を引き出し、掘り起こしていったとき、現生人間ホモサピエンスから、創造人間ホモクリエイタスへの進化が遂げられ、そこに人類の生き残る道が開かれましょう。

子供たちは私たちの未来です。そして私たちが生きた現在の証は、未来によってはじめて意義をもってくるわけです。その未来がなければ、私たちが生きた今はないに等しいことになりますから。

悠久の過去から、すべての命をはぐくみ育てた地球。古代から先人たちが創り、守り、伝え続けた人類の長い歴史の一環を生きる現代人の私たちにとって、古代から受け継いだこの遺産を、次の世代に受け渡す責任の重大さを思うのです。

未来に生存の可能な地球が残され、明日の人類に明るい希望が持てる、そうしたバトンを渡さなければ。

そのためにこそ、私は生涯教育を「人間総合学」として打ち立て、「未来創造学」として位置づけ、人間性復活をそこにかけるのです。

第二部　野村生涯教育の構想

第一章　野村生涯教育の起点

第一節　私の生涯教育の三つの起点

人間の原点に立ち戻る

第一部において、生涯教育への道程を論じてまいりました。そこで私は、現代社会の病理現象は教育のバロメーターであり、教育の歪《ひず》みが今日の人間社会の荒廃を起こしている要因であると結論し、これを解決するためには現代教育の根本的改革が必要であることを説いてまいりました。

根本的改革を考えたとき、それは教育の原点に戻る以外ないことに気づきました。言うならば、教育の原点に戻ることは、人間そのものの原点に戻ることであります。すなわち、人間の原点に立ち戻り、人間とは何か、生きるとは何か、そして、人間の本質価値は何かという最も根源の問題探究に入ることこそが、唯一現代教育の根本的改革をなし得る鍵であることを強調してまいりました。

人間とは何かということは、最も深遠な、哲学的な問題であります。行けども行けども解明し尽くすことのできないのが人間という複雑怪奇な生き物であってみれば、人間とは何かということは、最も難しい奥行きの深い課題であります。

他面、人間とは何かというこの深遠な課題は、同時に最も身近な問題でもあります。なぜなら、人間とは何かということは、帰するところ〈私〉とは何かということになるのですから。

「人間とは何か」、「生きるとはどういうことか」という教育の原点、すなわち、人間の原点に立ち戻ることは、人間を知る、すなわち、己《おのれ》自身を知ることにほかなりません。その意味において、私の生涯教育という構想は、人間の探究、そして自分自身を探究することの中から生まれ、そこに行き着くことの意味にほかなりません。

私は生涯教育の構想にあたって、次の三つを起点としました。

・第一……動機
・第二……庶民の自発した主体性において
・第三……東洋の自然観を基盤とする

動機……第一の起点

第一の起点は「動機」であります。第一部で詳しく述べたように、私の生涯教育活動の動機には、国内的動機、国際的動機の二つがあります。

一九六〇年代初頭、日本が直面した青少年問題を動機に出発した活動の中で、問題の要因としてそこに見いだした元凶は、「教育の欠落」と「大人社会の反映」、つまり、親、教師、社会一般の大人たちの価値観やモラルの低下でした。

ここから二つのアプローチとして、「教育の抜本的改革」と「大人社会の改革」を試みました。〈人間性の荒廃〉と〈教育の欠落〉を動機に持つゆえ、自ずから目的喪失、人間不在の現代教育の歪みを正し、教育の目的を〈人間そのもの〉に置き、生きた人間の教育を取り戻すことにより、「人間性の復活」を図ることを目的に据えました。

さらに国際的視野に立つ動機として、一つには一九六九年の世界一周の旅において〈運命共同体としての人類〉の強い認識からグローバル社会の連携の必要を痛感し、かさねて一九七四年、初の国際会議出席において異なる思想や異なる文化間の交流、統合による第三の文明の創造への希求を痛感しました。

〈動機は目的を規定する〉の言のごとく、私の生涯教育は動機にこの国内のミクロ的人間の足下の問題と、マクロ的地球課題の二つを同時に持ちましたゆえに、内容も手段も目的もまた、常にミクロ的課題とマクロ的課題の両方に対する解答として志向しました。

私が生涯教育を構想するにあたり、動機を起点の第一としたのはこの意味であります。

庶民の自発した主体性において……第二の起点

第二の起点は、「庶民の自発した主体性において」です。教育は大綱においては別として、本来、義務や権利においてなされるものではなく、まして管理の下になされるものではないと考えます。本来、人間一人ひとりの自発的、主体的作業であるはずであります。

一九八九年に出版した『教育史に位置づける民間生涯教育』の序文の一節に、私は「生涯教育への移行が民間のイニシアチブにおいて、国の新しい教育施策に先立つ四半世紀前、庶民の自発において自主的活動として教育の転換を試みた歴史は、人間一人ひとりの主体的作業としての教育本来の姿に立ち返る一つの実証であろうと思う」と記しました。

このように私の生涯教育活動は、国や行政の指導や指示に頼るものではなく、また、学者や専門家によるデータや、机上での論を踏襲したものでなく、その説に学んだものでもなく、また既成の狭い教育の枠組みの中から造りだされたものでもありません。

生きた人間を相手に、生きた生活に根を張った生活人、家庭人の発想と思考とニーズに基づく、現実からの出発であり、そこから生涯教育の理論体系も独自の思考体系に基づいて構築しました。財政的にも他に依存することなく、自らの手で賄うこととしました。

社会活動をするうえに、常に問題とされるのは、運営資金の問題ですが、ボランティアとは本来、自発した自己犠牲を前提として成り立つ活動でありましょう。まして自己実現を主軸とした教育活動であってみれば、自助自立は当然のことであります。それゆえ、物・心ともに自らの責任において、他に依存しないことを基本としました。

これが「庶民の自発した主体性」を第二の起点とした所以《ゆえん》であります。

私は、一九七九年、ブリュッセルでの国際余暇会議において、「日本における生涯教育」についての講演を行ないました。その折、私は次のような趣旨でスピーチの前置きをしました。

『日本における生涯教育』について話すことが、今日私に与えられたテーマであるが、私は日本を代表してというより、民間の立場から独自の生涯教育について論じたい。日本でも、行政や民間や企業の場からそれぞれニーズに応じた生涯教育活動が興ってきているが、私の生涯教育は、〈論〉から始まるそれではなく、生きた子供たち、生きた人間と取り組み、生きた生活に根を下ろした庶民の自発において出発したものであり、私が特に強調したいことは、理論と実践を一体化した、自主的な生涯教育のボランティア活動であるということである」と。

私の生涯教育は、そうした独自性と特異性を持ちます。しかし、その前提になによりも〈人間〉を据えているのです。それゆえにその独自性と特異性は、最も普遍性を持つものとなると考えます。

東洋の自然観を基盤とする……第三の起点

第三の発想起点は、「東洋の自然観を基盤とする」ことです。

東洋の自然観は私自身の思想を形成する源となっているものであります。

私は生涯教育の構想にあたり、既成の知識を寄せ集めて打ち立てたのではなく、また、日本が近代化にあたり常に範をおいてきた、西欧の科学的合理主義思想を基盤とする学問や教育の内容、形態、手法に倣《なら》ったのでもありません。既存の教育論に学び、それを基礎として立てたのでもありません。

ノーベル物理学賞受賞者の湯川秀樹博士が「私の中間子理論は二十歳代の仕事だった。それ以来、素粒子論の道を歩み続けてきたが、振り返ってみると、それ以前すでに、東洋的な思想がバックグラウンドとしてあった。それゆえ、中間子理論も最初から西洋の学者とは違った考え方から出発している」と語られていましたが、私の生涯教育論もまた、独自の「東洋の自然観の哲理を基盤として」打ち立てたものであります。

私自身を形成してきた私の生い立ち、環境、私個人の歴史の中で形成されてきた、ものの見方、考え方というものを基盤としているのです。

それは日本人のアイデンティティとして、私の命の永いルーツに蓄積されてきたものであります。

四季折々の細《こま》やかな変化や、青い空、雲や雨や霧や、今も鮮やかに蘇《よみがえ》る読みかけた白いページにゆれた木漏れ日。

こうした、私の感性を育み、私の体質を作り、思想となって息づいているもの、その日本の風土が醸成するソースをなすものが東洋の、日本の自然観でありましょう。

私の中に長いルーツを通して〈見えない動機〉となって息づいてきたそうしたものが、私の生涯に出会った〈見える動機〉に触発され、呼び覚まされ、発想の根拠、思考の組み立てとなって、生涯教育を構想させたと言えます。

従って、私の生涯教育の構想の根底には、私を育んだ、東洋の中の、日本独自の長い深い歴史や文化の土壌があるのです。これが、私が生涯教育の構想にあたり、「東洋の自然観を基盤とする」を第三の起点とした所以であります。

第二節　時代認識と教育

時代を正しく認識する

野村生涯教育は、このような特徴ある三つの発想起点を基盤にして構想が立てられていますが、さらに現代という容易ならない時代を生きる時代認識の目覚めから、この生涯教育に対して、時代が抱えている重要課題に何らかの答えを用意しておかねばならないという目的もまた、原初的に持っているのです。

私たちが当面した最初の国内的動機となったさまざまな青少年の問題について、その解決を求めて一つひとつ取り組んでいく中で、私たちは、その一つひとつが対症療法的解決では到底間に合わないことに気づきました。青少年の非行問題の背景に大人社会があり、大人社会の背景に社会全体の実態があり、また、現代という時代の背景が、教育というものと深く関わっていることに行き当たったのです。

生涯教育は、第一部で述べましたように、第三の教育改革期、すなわち世界的な教育改革期に興ってきている教育システムであるだけに、その果たす役割は、まさしく現代の世界人類から要請されているものにほかならないのです。

私たちは時代の中に生きています。時代を生きるということは、時代を受け止めることです。その時代の受け止め方が弱く小さければ、時代認識も弱く小さくなるでしょうし、受け止め方が強く大きければ、時代認識も強く大きくなるでありましょう。そして、この時代認識の度合いが、教育改革をいかに受け止めるかに大きく関わってくるのです。時代に対応し、ニーズに応え、時代を変革、誘導する役割こそ、生涯教育の時代的役割でありましょうから。

この点から考えたとき、今日の日本において痛感することは、この時代認識の度合いの薄さ、弱さということです。今日、日本人は確かに、経済的余裕や時間の余裕に恵まれ、楽しく豊かに生活をエンジョイしています。

しかし、現在の世界情勢を思うとき、それでよいのだろうかと、大きな疑問を抱かずにはいられません。

現代社会がこれほどの大転換期を迎えているということを、はたしてどれだけの人が明敏に察知し、意識しているでしょうか。私たちは依然として、自分さえよければ、自分の家さえ、自分の国さえよければという、自己中心的な安易なムードの中に埋没して、そこから解放されず、グローバルな視野に立っての時代認識、言い換えれば、時代に目覚めるということが、まったく欠落しているとしか思われないのです。

往々にして人間は、時代の変革の渦中にあるとき、それを意識しないまま変革に巻き込まれ、流される傾向があります。

大切なことは、時代を正しく認識すると同時に、いかなる時代の変革にも、そこに左右されない〈不易の価値〉の確認が必要であります。

人類がひとつの惑星に運命を共有した稀有《けう》の時代、はじめて人類が〈生き残る〉という目的を共有した時代、そこに求められるものこそ〈万人にとっての不易の価値〉の探究でありましょう。

不易の価値——最も新しい価値

一九七七年、オーストリアの国営テレビに初めて出演した折、私は三つの質問を受けました。その第一は「人間性の開発について、どんな新しい方途があるか」、第二に「戦前の日本にあった精神的、伝統的な拠《よ》り所を失った戦後の日本の教育の理念と展望について」、第三は「生涯教育について」という質問でした。

私はこの第一の質問に対し、長い教育活動の経験を通して得た結論から、教育の原点に戻り、教育の本質に返ることとしかないと述べ、「新しい方途はない。世界の教育は方法論で行き詰まっているのであるから、新しい方途を探そうとしても、それは無理であろう」と答え、『論語』の「温故知新」の言葉を引用したのです。

「温故知新」とは、古いものを究めていくところから、新しい道理を見つけだすことができるということですが、現代ほど大きな意識転換と価値転換を要請されている時代はないことを思いますとき、ちょっとここを直し、ちょっとそこを直すという、単なる手直しでは問題の根本的解決にはならないことを思います。

このような時代こそ、最も新しい価値を見いだす鍵は、最も古きものの中にあるという認識が重要であります。そこにこそ、不易の価値と言われる所以がありましょう。

世界がどのように移り変わろうと、真理や道理というものは変わらなく存在します。人間の場合も同様であって、化粧とか、髪の形、あるいは服装といった人間の外側は時代と共にいくら変わっても、人間そのものは千年前、二千年前とそう変わってはいないのです。その人間にとって大切なものも、やはり時代が変わろうと変わらないのです。

時代の流れの中で、変わっていくものと変わらないもの、変えていくべきものと変えてはならないものを、明確に識別しておかねばなりません。真理や道理というものは時間と空間を超越して、永遠に変わることはないのですから。

このように過去から現在、現在から未来へ、ずうっと不滅に生き続けている真理にこそ、最も本質的な問題解決の指針を見つけ出すことができるのです。

第二の「戦後の日本の教育の理念と展望について」の質問に対しては、戦後、平和憲法に基づく「教育基本法」を制定し、「教育の目的を人格完成に置き、社会、国家、世界の平和と、人類の福祉に貢献できる人材育成」を教育理念とした日本の教育について話しました。

私は平和憲法に基づく日本の「教育基本法」に誇りを持っております。国際会議の折も常に普遍的価値を持つものとして話しています。

しかし、いま思いますことは、はたしてこの理念がどこまで現行の教育に生かされているかの疑念であります。

原点に立ち戻るべき人類

十五世紀から十六世紀にかけてイタリアに興ったルネッサンスは、中世の教会や神の名の桎梏《しっこく》の下に埋没していた人間が、遠くギリシアやローマの文化をたずねることにより人間性を復活させ、人間に根ざした文芸の復興を目指したものでした。

中世の教会や神の名のもとに埋没していた人間の姿が、二十世紀の現代科学信仰の下に機械文明、物質文明の中で物に使われ、機械に使われ、非人間化した現代人の姿に、そのまま再現されているように思われてなりません。

加速度的に進む人間性の喪失や崩壊、有史以来はじめて遭遇する混迷の時代、人類が進むべき方向を見失っている現代こそ、人間性の復活は急がなければと考えます。人類が原点に立ち戻るべき時であることを痛切に感じます。

中世のルネッサンスが、ギリシアやローマの古代文化に立ち戻ったごとく、私も、古代からの伝統的精神のソースに拠り所を求めました。東洋人であり、日本人である私の裡《うち》に蓄えられ、生活慣習として、生活基準として、価値や道徳の基盤となり、さらに思想を形成してきたそのアイデンティティを探り、そのソースを深く追求し、学び直すことを始めました。私は、東洋の先師先哲の説かれた哲理、叡智に、人間性復活の教育の原点を求めることを試みました。

人類の歴史において、さまざまな文明や文化を作り上げた人類の思想の源流として、西洋においてはギリシア哲学やキリスト教、東洋においては仏教、儒教、道教などがあげられます。これに加えて、さらに私は、日本の文化の独自性となる日本古来のアニミズムをあげておきたいと思います。

この日本古来のアニミズム（万有精霊主義）的精神が、遠くシルクロードを通り、インド、中国大陸を経た外来の文物や、仏教や儒教の思想を取り込み、それを融合させ、さらに中世以降、特に近代西欧科学思想をも取り込んできたのだと思います。

そうした意味で、日本文化は、東・西両洋文化を共に取り込み、これを包摂しているのであって、いわば世界の文化をすべて受け止め消化する開放性と包摂性の要素を持っており、そこに日本独自の調和の重層文化を作り上げてきたのであります。

しばしば日本文化は「ごちゃまぜ文化」だと言われ、〈負〉の評価で受け止められていた感が強かったと思います。しかし、私はまったく反対に、〈プラス〉の評価で受け止めております。

前述の観点に立った時、あらゆる異質を同化させる要素としての日本古来のアニミズムに、それらを束ねる核を見るのです。

これが第一部で述べた〈日本文化の溶鉱炉説〉であります。

このような日本独自の文化が、日本人であり、東洋人である私の血の中に流れ、体の中に刻まれ、思想として生き続けているのです。

私はこの日本の思想を形成する哲理が、世界の文化を包摂するがゆえに、日本独自の特異性を持ちながら、同時に普遍性、合理性、客観性、世界性を満足させ得るものであることの証明を長年世界に試みてまいりました。

東洋の視点から世界を見る

今まで世界はすべて西洋の視点から見られてきています。

西洋の思想によって語られ、西洋の価値観によって計られ、そこに発達した科学思想が近代以降の世界をリードしてきました。

日本の近代化百年の歴史は、ひたすら西欧科学思想、物質文明からの一方的学びであり、日本からの文化や思想の発信はほとんど皆無でした。

国連大学の学長グルグリーノ・デソウザ氏も、「西洋文学の古典で日本語に翻訳されていないものはほとんどない。それに反し、日本の古典文学にしろ、現代文学にしろ、西洋の人たちに知られているのはきわめて少ない」と言われていますが、そのように文化の輸出入のアンバランスは大きいのです。

オーストリアの教育哲学者フレデリック・マイヤー博士が私に、「日本からの文化の輸出は圧倒的に少ない。だから日本に対して無知識、無情報である。もっと文化を輸出しなさい」とおっしゃられたのは、二十余年も前のことですが、その後も外国の方々から常にそのことを言われ続けてきました。

旧ユーゴスラビア・ベオグラード大学の故ヴォジスラブ・ヤンコヴィッチ教授が以前、「哲学は西洋の専売特許だと思っていた。だが、あなたにお会いして、東洋に複雑な体系を持つ哲学があることを知った」と言われたことがありました。

日本においても、中村元氏と梅原猛氏が対談の中で「十九世紀後半までは、確かに哲学と言えば西洋、そして日本には哲学がない、という感覚だった」と話されていた記事を目にしたことがあります。今まで東洋思想史の中にだけ止めておいたゆえに、神秘的特殊性としてのみ珍重されてきた東洋の哲理を、今こそ世界思想史の中に位置づけねばと考えております。それは日本に益するだけではなく、世界への貢献のためにも、と考えるのです。

私が東洋と西洋の文化の出会いの必要性を痛感したのは、一九七四年のベルギーのルーベンにおける初めての国際会議においてでした。それは私の国際活動への強い動機づけとなりました。ヤスパースやトインビーが指摘しているように、今、世界は別の哲学を求めていると言われます。現代の思想的状況は、グローバルな視点を重要なポイントとして要請してきているはずであります。

ここに、古今東西の英知が出会わねばならない所以がありましょう。

第二章　野村生涯教育の構想

「構想」とは、主題、仕組み、思想内容、表現形式、順序次第などの要素を思考し、一つの考えを体系的に組み立てる作業でありましょう。

野村生涯教育が、生涯教育という主題に対し、思想内容は何なのかを問われたら、日本の伝統文化のソースである「自然観」であると答えます。

この「自然観」は、私のものの見方、考え方の根底に流れ続け、私の思想を成すものでありまず。日本の伝統文化というと、華道、茶道、能、歌舞伎と言われますが、それは伝統的精神の上に結実した具象の一つ一つであり、私はその底に流れるソースをこそ、教育の本質に生かしたいと考えるのです。

私は生涯教育を構想するにあたり、直観的、哲学的、科学的思考を総合することにより構築を進めました。

私が生涯教育の構想を組み立てるうえに、その基礎となった哲理は東洋の自然観です。その哲学的考察と、同時に科学的合理性、普遍性の追求、しかし私はより多く究極に直観の働きを借りました。

前述の湯川秀樹博士が「物理学に限らず、近頃の学問は抽象化の行き過ぎである。どこまでいっても、科学者にとっても、直観というのは極めて重要なものであるが、今それがなくなっている。大抵の科学者は、どうしても細かいことに興味があって、大摑みに考えることが苦手である。直観の働きがないと創造的なものは出てこなくなってしまう」と言われていますが、真理との直接交信とも言うべき直観という働きの大きさを思います。

第一節　基本哲理――東洋の自然観

日本人の意識構造

野村生涯教育は東洋の自然観を基礎哲理とします。

東洋の自然観は、同時に生命観であり、人間観、世界観、宇宙観を成すものであります。

私たち日本人の生活感情や生活様式の根底に生き続け、私のものの見方、考え方、発想の根拠、思考の組み立て、価値観の拠り所に、いつもこの自然観を根底に見るのです。

森羅万象を一つの生命に貫かれていると見る自然観に、私は古代アニミズムの精神を重ねて見るのです。

その国の文化や民族性は、風土や気候や温度、湿度、地理的条件に大きく与《あずか》っています。日本という、資源には恵まれないが、美しい風土、温暖な気候、潤沢な陽光、雨、雲、霧に見る四季折々の細やかな変化、四方を海に囲まれた島国。こうした要素の複合が、古代から長い時間をかけて堆積したアイデンティティが、日本の民族性であり、文化や歴史でありましょう。

概《おおむ》ね単一民族、単一言語の農耕民族の長い歴史は、大地と共に生きる術を知り、他の生命体、動物や植物とも一つの生命体と感得する習性を会得してきました。

そこから成り立った民族の意識構造、社会構造は、他国に比し、階級制、貧富、教育の機会等に均等性をもたらすものとなりました。

さらに、そこに生まれた家族主義的特長は、家庭の形態にも、国家や企業形態にも大きく反映し、経営システムも、労働システムもそこから生まれ、雇用制度にも、労使協調にも生かされてきたのです。

「自然との契約」──日本人の労働観

一九八二年ブリュッセルでの「第四回ヴァン・クレ世界会議」と、同年ストックホルムで開かれた「ＩＣＯＭＨ職業上の精神衛生世界会議」でスピーチの折、「日本の急速な経済発展の秘密を話すように」との要請を受けました。

その頃、国際社会から「エコノミック・アニマル」「働き蜂」との非難を受けていた日本でした。経済大国と言われる日本への無理解から生ずる摩擦は、日本の不幸のみならず、結果として世界の不幸につながるものと考えるのです。私は政治や経済のレベルでは説明し得ない、経済発展の哲学的背景を、日本の文化のソースを成す自然観から説きました。

「日本の伝統的労働観は〈自然観〉から導き出した哲理であり、素朴な〈自然との契約〉が労働の基本精神に流れている。動いて働くということは、そのまま〈生きる〉証《あかし》であり、生かしている無形のものへの素朴な報恩の表現でもあったであろう。

無意識の奥底に、日本人の体質となって息づいていた〈勤労〉の思想であった。

日本人の特質と言われる質素や勤勉や忍耐力、そして心や力を寄せ合う〈和〉の精神も、そこから学んだものである」と。

スピーチの中で私が「労使協調によって利益をあげる」と話したとき、ヨーロッパの参加者から異議が出され、「自分たちは労使対立によって利益を得る」と言われました。

この例が示すように、根底の哲学の相違は、西欧社会の労働に対する価値観においても、根本的に異なるものがあります。

「アダム・スミスの『国富論』に代表される、〈労働〉は骨折りと労苦であるから、その苦痛の代償として賃金を支払う、とする労働観や賃金報酬思想は、言うならば〈賃金との契約〉とも言えようか。それは金銭の分だけの労働であり、労働が金銭に換算される。会社・雇い主との契約や関係も、ただそれだけのことに過ぎない。日本人への非難は、こうした西欧的な賃金報酬思想を基調としたところから出る批判ではないか。

『経済発展の秘密』は、という質問に対し私は、日本人は〈エコノミック・アニマル〉でもなければ〈働き蜂〉でもない。ただ〈自然との契約〉を拠り所に、勤労を〈善〉とした長い伝統の中に培われた、庶民の勤労観と価値観の上に、日本の戦後の復興も、経済成長も築き上げられたものである、と答えたい。

さらに、日本の産業がもし成功したとするなら、それは単に企業経営、企業労働者のみの成功ではなく、その要因は背後に広く横たわる大衆の精神の土壌にあり、日本経済の発展は根本的哲学に由来するものである」と締めくくりました。

スピーチの終わった後、参加者の方々からの「あなたのスピーチには哲学があった」「日本の経済発展や労働観を、あなたが日本の文化のルーツから説いてくれたので、日本を知るうえに大変役立った」のコメントに、私は強い手応えを得ました。

しかし今日、科学的合理主義のもとに、この伝統的哲理に基づく労働観は大きく変わりつつあることは否めません。

東洋の哲理を世界の思想史に位置づける

私の生涯教育論は、この独自の東洋の自然観の哲理を基盤としたオリジナルなものであります。その独自性を、世界の合理的知性を納得させ得るものとして、いかに普遍的作業、教育の原理として体系化し、世界的教育改革に寄与でき得るか。このチャレンジは、東洋の哲理を世界の思想史に位置づける大きな試みであると同時に、未来世紀への新しい教育の創造につながるものと考えるのです。

過去、思想や文化の受信国であった日本から、この西欧への発信の試みは、今まであまりなされてはきませんでした。

東洋から西洋へ橋を架けるこの新しい試みが、長いこと西欧からの視点のみで見られていた世界観に一つの止揚を促すなら、第二の文明の創造への一歩ともなることを信じます。

東洋の自然観・西洋の自然観

自然の定義は「狭義では山川草木その他すべての有形的現象とし、広義では世界全体を包括し、認識の対象となって外界に実在する一切の現象、精神現象も含む。また、人間を含めて天地間の万物、宇宙」と辞書は言及しています。

ここで言う自然観の「観」は、単に肉眼で外界を見る分別能力の見方でなく、事象を越えて深く内観することであります。

東洋の自然観と西洋の自然観とは根本的な相違を持ちます。

本来、古代においてはこの相違はなかったかとも考えられますが、東洋の自然観と西洋の自然観とを比較したとき、端的にその最も特徴的なものを挙げるとするならば、西洋の自然観が「人間対自然」であるのに対し、東洋の自然観は「人間即自然」であります。

すなわち、西洋の自然観が自然と人間を相対したものとして見る、自然と人間とを対峙《たいじ》関係において捉えるのに対し、東洋の自然観は人間と自然を一体と捉えます。人間も自然の中の一物として、そして他の動物や植物などの生物、非生物である物質系からエネルギー系に至る、森羅万象のすべてを一つの生命体と見る一体感、この一元的な見方が東洋の自然観であります。

図示すると、人間対自然の西洋の自然観（次ページ図1）は、人間が自然界の外側にいて、自然を人間の向こうに対峙させて把握する見方です。

これに対して、人間即自然の東洋の自然観は（図2）となり、人間を宇宙・自然の中の一物として、共に一つの生命に貫かれていると見ます。

この即自然の哲理は、人間の捉え方、また、人間中心の考え方を根源的に転換する意義を持ちます。

（図1）人間対自然

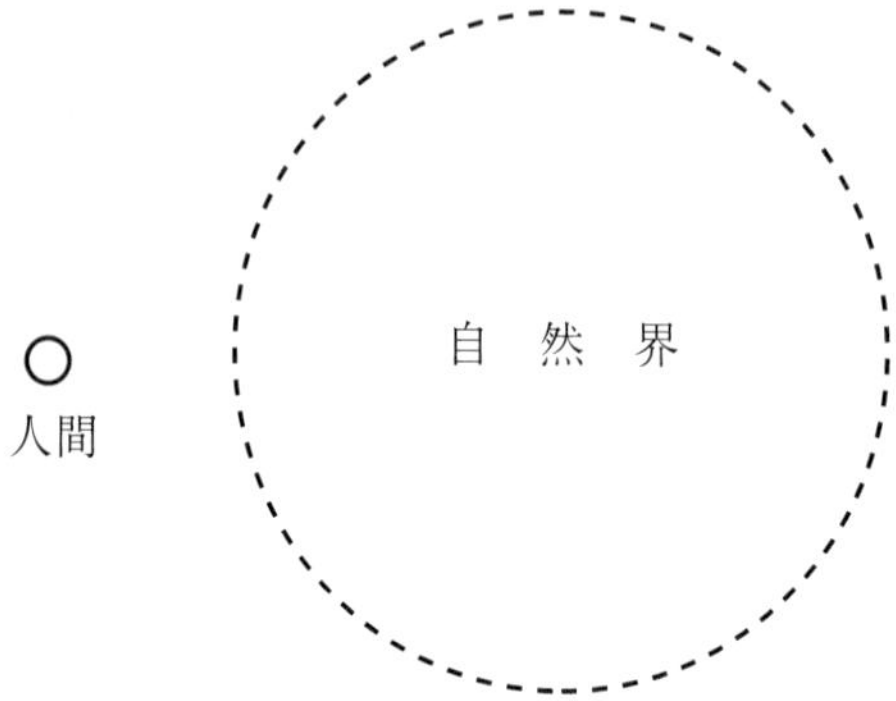

（図2）人間即自然

認識主観としての〈私〉は自然界を客観するが、主体として実存する〈私〉はあくまでも生物として自然界の一物であって、自然と対峙する存在ではありません。言うならば、人間対自然を包摂した人間即自然とでも申しましょうか。(図3)

(図3) 人間対自然を包摂した立場での人間即自然

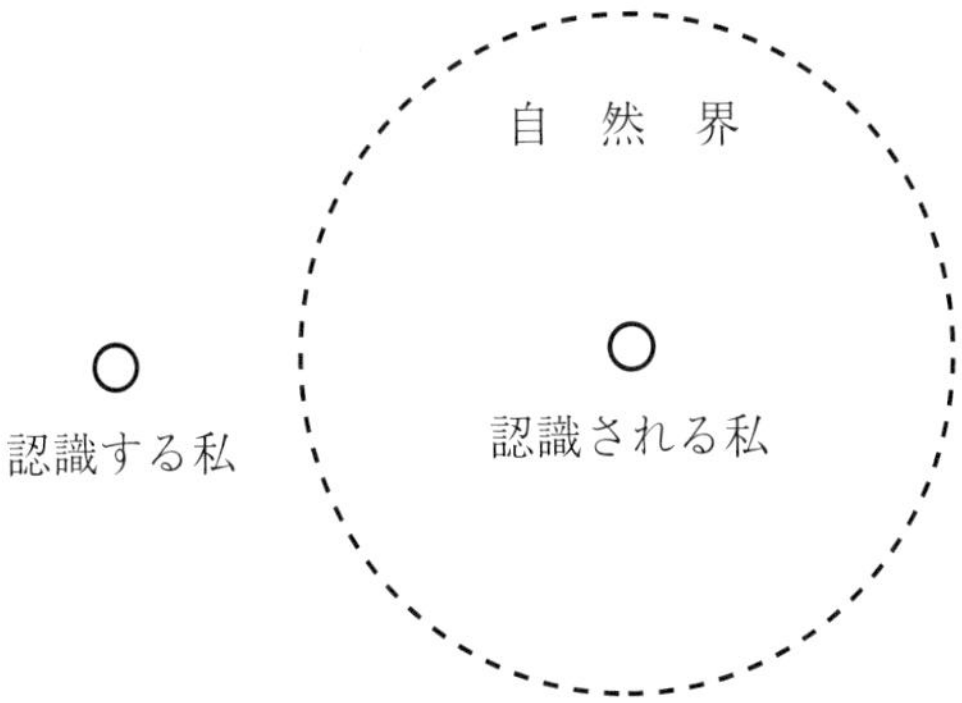

自然との共生思想・自然支配の思想

自然と人間を一体に捉える、そこに生まれてくるものは、〈自然との共生思想〉であり、一方、人間と自然との対峙は、〈自然支配の思想〉を生み出します。

この一方に〈自然との共生思想〉を生み、一方に〈自然支配の思想〉を生み出す、東洋の自然観と西洋の自然観とは、このように大きな特徴的な基本の違いがあります。この自然観の相違が基盤となって、東洋の物の見方と西洋の物の見方の間には、種々の根本的相違点が現われてくるのです。

この自然観の相違から生まれる二つの異なった大きな思想は、今後の世界に重要な意味を持ってまいりましょう。

梅原猛氏がドイツの哲学者ハイデッガー（一八八九〜一九七六）の説を引用した言葉に、「人類の文明、ヨーロッパ文明というものは、一種の『意志』の文明だという。自我が自然を征服する文明だと言う。自我が自然を征服する文明というのは、仏教の言葉で言うと〈我〉の文明ということである。〈我〉の文明が行くところまで行ってしまって、いま世界は大変な危機に立っている」、とあります。

その言のように、「人間対自然」の論理から生まれた自然支配の思想によって、人間は大自然を無限の宝庫でもあるかに見なし、科学的知識、技術を駆使し、自然を利用し、支配し、征服するといった暴挙を犯し、今日、物理的にも、精神的にも、共に病理現象を呈するに至りました。

私は三十余年の生涯教育活動を通じ、〈自然との共生思想〉をもってこの病理現象からの脱出を図ることを、提起してまいりました。

さらにこの自然界の万物万象の共生思想は、当然、人間社会の共存思想をも含むものであり、それゆえ、私は東洋の自然観を生涯教育の基礎哲理としたのです。

第二節　大自然の構造と秩序、法則に学ぶ

教育の抜本的問い直しを動機として生涯教育論を構築した私は、教育の原点を人間の原点まで戻し、〈人間とは〉何か、〈生きるとは〉〈人間の価値とは〉何かの命題を問い続けた結論として、人間の理知による観念的理論や、知識の集積の組み立てによらず、大自然の一物として生きる人間を、生かしている側、自然界や宇宙の枠組みから、ありのままに考察することから始めました。

東洋の自然観を基盤に、大自然の構造と秩序、法則に学び、教育とは何か、人間とは何かの大命題への解答を導き出すことを試みました。

人間の存在を自然の仕組みの中にありのままに見ていくと、自然界の一物として本来〈こうあった〉人間がわかります。そこで人間の本来〈こうあった〉姿の原型に基づき、〈こうあるべき〉姿を形成していく。そこに人間教育の原型が見えてきましょう。

人間のあるべき姿、社会のあるべき姿を、もう一度大自然のあり方そのものの中から、謙虚に学び直していくことの大事さを思います。

大自然の構造と秩序に学ぶということは、

自然界（宇宙）がどういう成り立ちになっているか
自然界がどのような秩序の下に動いているのか
自然界にどういう法則が働いているのか
自然界と人間の関係はどうあるか

の考察であります。

この深遠な課題を私は、私の思想の中に息づいている東洋の自然観の哲理に基づき思惟を深めました。

自然界（宇宙）の観相

自然界や宇宙の成り立ちに思いをめぐらすとき、空々漠々とした空間がまずイメージされます。悠久の時の流れの中に、無限の空間の中に、万物万象は生成し、流動、発展しています。

私たちには、始めから〈時〉の概念も、〈日〉や〈月〉や〈年〉の概念もあったのではなく、ちょうど人間が必要に応じて火をおこすことを発明したように、大自然の天体が流動する運行の周期から〈時〉を測る単位の概念と、それに伴う言葉という記号を生み出したのでありましょう。

地球が自転する一周を区切り一日とする、そこに〈日〉の概念を生み出し、月が自転しつつ地球を一周する周期を一月とする〈月〉の概念が生まれ、さらに地球が太陽を一周する周期を一年とする〈年〉の概念を生み出したのでありましょう。

私たち現代人が、何の不思議もなく用いているこうした言葉や概念も、すべて大自然の運行の中から、古代人の科学する探究心や好奇心が、直観し、発明し、言葉となり、概念となって今に伝えられたものでありましょう。

一度言葉や概念が生まれると、人間はとかくその言葉や概念に規定され、窮屈になり、真実が見えなくなる恐れがあります。

それゆえ、私たち現代人はもう一度太古の自然に意識を戻し、言葉や概念以前の世界に戻り、そこから新たに考え直してみることにより、〈人間とは何か〉を知る重要なヒントが得られるはずです。

自然界を律する秩序、法則

東洋の自然観の哲理が教える宇宙間の実相は、万物万象の共生、相関を説いています。人間をはじめ、あらゆる生命体、物質系、エネルギー系に至る万物万象は、「相互に依存し合い、関係し合って、共に生き合っている。その相互依存の関係を離れてはすべての存在は成り立たない」と説いています。

相依相関の関係において存在し、関係依存を離れては一物も存在し得ない、厳然とした掟の下に成り立っている世界観、宇宙観です。孤立しては一物も生存し得ない原理であります。

さらに、万物万象は絶えず生じたり、滅したり、変化しながら流動を続けています。

このように、一刻も固定することなく、一物も孤立することなく、すべて関係しながら変化し、変化しながら関係し、本来大調和している宇宙の実態であります。

関係するがゆえに変化し、変化するがゆえに関係し合う。そこに一定の秩序だった法則が存在します。もし、でたらめに関係し、変化するとしたら、法則性は成り立ちません。

この関係と変化はでたらめに関係し、変化するのでなく、一定の秩序だった法則に従って変化し、関係しているがゆえに、本来大調和している宇宙、自然界であります。

空々漠々たる空間のイメージを持つ宇宙・自然界が、実はこうした厳然たる秩序、法則によって成り立っているのです。

この東洋の古代の英智にようやく、二十世紀の現代科学が近づきつつあるように思います。

カール・セーガン博士がその著書の中で、「もし、何も変わらない惑星に住んでいたら、もし、でたらめに変化する世界に住んでいたら、考えることも、することもなく、科学も存在し得なかったであろう」と書かれています。

言い換えれば、「世界のすべての現象は変化する、しかも一定の秩序の下に変化している」ということになります。また宇宙を意味する「コスモス」という言葉は、ギリシア語で「カオス（混沌）」の反対の言葉「宇宙の秩序」を意味し、すべてのものの深い「関係」を表し、そして複雑で微妙な「一体」を表しているといいます。

ギリシアの英智も、東洋の英智も、古代において賢者の直観は同じ世界観・宇宙観を捉えています。今、二十世紀の近代科学がようやく、そこに近づいたということが言えます。

同時的依存関係・異時的依存関係

「あらゆる存在、あらゆる現象はすべて相依相関によって成立する。その相互依存の関係を離れては一物も成立することはできない」とするこの世界観、宇宙観の相互依存の関係をさらに分析すると、二つの関係のあり方になります。

両者が同じ時間に関係し合う同時的依存関係と、時間的変化の中に関係し合う異時的依存関係であります。

古代、東洋の賢者はこの依存関係の原型を

「もし、これあれば即ち彼あり
もし、これなければ即ち彼なし」

と〈これ〉と〈彼〉の同時的関係依存を説き、さらに

「もし、これ生ずれば彼生じ
もし、これ滅すれば彼滅す」

と、〈これ〉と〈彼〉の時を異にした関係依存を説きました。

このように、万物万象は時間的変化の中に関係し合い、同時的に関係し合っていると宇宙の実

相を説いたのです。

人間が呼吸をしていることは、人間と空気が同じ時間に関係し合っている例であります。時間的変化の中に関係し合っている例として、種子から芽が出、葉、花、実となる過程があります。種子が、花や実になるには時間的経緯を要しますが、相関関係があるゆえに種子が実になるのです。

同時的にしろ、異時的にしろ、宇宙間の一切の存在は必ず何らかに依存して存在するもので、他に依存しない絶対的存在は一つも在り得ないことを示しています。

そして、変化と関係は密接な相互依存の関係にあります。

種子が芽や花になる例で言えば、種子も土や水や陽光や、さまざまな条件と関係しなければ芽や花という変化は起きません。

つまり、種子を直接原因とし、間接原因としての水や土との同時依存の関係において、芽や花や実という結実を見るのは異時的依存の関係においてであります。

このように、自然界（宇宙）は、時間的に見た無数の異時的依存関係と、空間的に見た無数の同時的依存関係とから織りなされたもので、すべては無限の網を引いて相互に依存し合っていると東洋の聖典は喝破しています。

そして、一瞬も止まることなく流動し、変遷し続ける理由も、すべてが〈関係〉の上に成り立っているがゆえに、その間に恒常の存在がないからであると。

そこに「神意論」、「宿命論」、「偶然論」といった人間の自由意志を否定するような世界観は意味をなさなくなります。

ここにこれらの世界観を超える、人間を含め、人間を超える世界観を、古代の英智と現代の英智が共に捉える真理に見るのです。

宇宙間の万物万象は、絶えず生じ、滅し、変化し、流動を続け、一刻の〈固定〉も、一物の〈孤立〉もなく、すべて関係しているがゆえに変化し、変化しているがゆえに関係していると、自然界（宇宙）の実相を捉えた世界観であります。

さらに関係と変化は一定の秩序立った法則に従って変化し、関係しているがゆえに、本来調和していると説きます。

自然法

「人間とは何か」の考察を、自然界と人間を一体で捉える東洋の自然観を根底にして、自然界の成り立ち、自然界にどのような秩序、法則があるかを探究してきました。

そこに自然界のシステムが、変化と関係のバランスの織りなす世界であることを学び、さらに変化と関係が一定の秩序だった法則の下にあることを学びました。

毎朝太陽が東から昇り、西へ沈む。昼夜が規則正しく繰り返される。地球も他の天体も、決められた軌道を保って運行している。すべて一定の秩序、法則に基づいていることの証明と言えます。

自然の一物であり、自然界のシステムに組み込まれている人間も、あらゆる森羅万象と共に、当然、その秩序、法則の掟の下に律せられているはずです。

人間が自分を生かす自然の仕組みや、自分を律する秩序法則を知らないで人生を生きることは、無謀であろうし、不調和を起こすのは必然でありましょう。

人定法と自然法

我々の思考方法は、常に人間を中心に万物を対象化して考えます。自然法についても同様です。私がここに言う自然法は、自然を対象化した思考方法ではなく、私を自然の一物として、自然界の側から思考した感得であります。

人定法と自然法とは、まったく次元を異にします。

人間を律するこの自然の法則、自然法に対して、人定法があります。人定法は、人為的に人間社会の秩序を維持するために人間が作った法律です。しかし、これは国や民族や宗教によって異なりますし、時代によっても変わってきます。

それに比して自然法則というものは、国によっても、宗教によっても、時代によっても変わらない、普遍の法則であります。

しかしあるいは自然法も、キリスト教を基盤とした西欧の自然法と、私の言う東洋の自然法とは違うかもしれません。私は東洋の自然観に基づく自然の秩序や自然の摂理を指して、それを自然法と言っております。

この自然法というものは万人に、万物に、平等に、普遍的に、不易なものとしてあるものです。人定法では、人間社会でこれを犯せば、例えば人の物を盗めば、人を傷つければ、罰せられます。しかし、自然法は犯した場合、人為的には誰も罰しませんが、そこに起こる不調和や混乱や破壊は、人定法の処罰とはまったく次元を異にした破壊や不幸をもたらします。個人的にも、人類的規模においても。

個人的にも、世界的にも、現代社会のミクロ的、マクロ的病理現象は、まさに人間を律する自然界の秩序、ルールを無視し、見失ったところに起因する結果と言えます。

自然界と人間の関係

私は「人間とは何か」の探究にあたり、既成の知識や理念によらず、本来あるべき人間の実存

〈主客未分の存在状態〉を、東洋の自然観の哲理に基づき、人間を生かす側、宇宙や自然の枠組みから、ありのままに考察するところから始めました。

自然界がどういう成り立ちになっているか、自然界がどのような秩序の下に動いているか、自然界にどのような法則が働いているかを考察してきました。

こうした大自然の構造と秩序、法則を考察する中で、「人間即自然」の哲理が教える「自然界と人間の関係」を考えたとき、人間もまた当然自然の構造の中に一生命体として組み込まれている存在であり、この自然法則の秩序、掟の中に生かされている存在であることを認識せざるを得ません。

私は「自然界と人間の関係」を明確にするために、まず自然界に人間がどう位置づけられているか、人間がこの自然法則の秩序の中にどう律せられて生きているかの考察から始めました。

これは「人間とは何か」を知る純客観的な押さえとなるものであり、「どう生きなければならないか」の示唆を得る、重要な手がかりとなりましょう。

教育の原点を人間の原点までもどり、〈人間とは何か〉を究極のテーマに据えた私の生涯教育の理念の基本を、大自然の構造と秩序、法則に求めたのはこのことにありました。

私はこの哲理から、野村生涯教育論を打ち立て、教育原理を導き出したのです。

第三節　自然界における人間の位置づけ

先に述べましたように、人間は命あるものとして、時間・空間の中に他の生命体と共に生き合っています。「異時的依存関係」つまり時間的〈変化〉と、「同時的依存関係」つまり空間的〈関係〉の織りなす、縦横、網の目の関係依存の一点に人間は位置づけられ、一瞬一瞬の〈今〉を生き続けているのです。

異時的依存関係――時間的系列における位置づけ

まず、自然界に人間を縦の時間的系列において位置づけてみます。

人間は垂直的時系列において、異時的依存関係において生存を続けます。

人間は〈生命〉あるものとして、必ず生命の伝達者を持ちます。こうして生命は伝達、伝承を続けながら、過去、現在、未来を生き続けます。

これを次頁に図示しますと、

（図４）異時的依存関係

いのちは伝達し、伝承を続けます。

（図5）

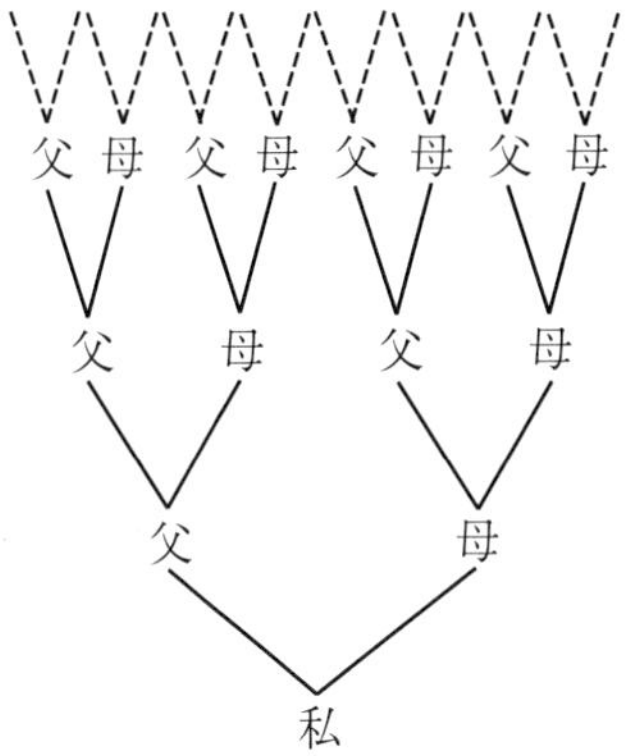

生命は縦の時間系列にそって、朝から昼、昼から夜へ、昨日から今日、今日から明日へ、去年から今年、そして未来へと、刻々変化する時間的推移の中を、同一性を保ちながら、胎児から乳幼児期、児童期、青年期、壮年期、老年期を経て、生から死に到る変化の生涯をたどります。

また、この個人の一生は、親との二世代に、さらに三代、四代と、次々の世代に命を伝達、伝承し、祖先から子孫の世代へと、非連続の連続を続けながら、断滅することなく、生命は永遠の連鎖を続けます。

これが自然界における人間の実存でありましょう。

そしてまた人類も、過去、現在、未来と、こうした継続の中に生き続けているのであります。

（図6）

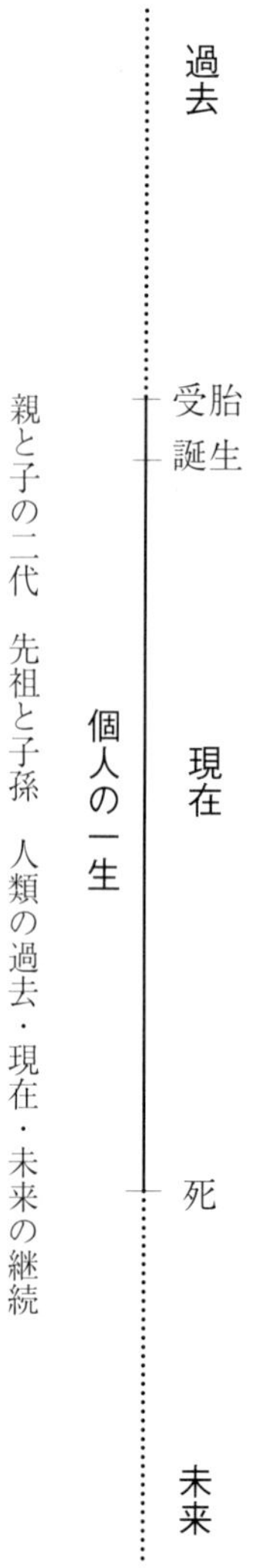

親と子の二代　先祖と子孫　人類の過去・現在・未来の継続

ここに人間個人のアイデンティティが確認され、同時に究極において人類のアイデンティティをそこに重ねて確認することができます。

一九八六年、ロンドン大学ミーティングの折、参加者から「今日の人間はアイデンティティを失いつつあると言われるが、あなたはアイデンティティについてどのように考えているか。また、その復活をどのように試みているか」という質問を受けました。それに対し私は、先の図に基づき、「人間個人の生命の伝達伝承の長いルーツをたどるところに、個人のアイデンティティも、人類のアイデンティティも確認される」と答えました。

こうして、まず人間とは何かを客観的に、自然界における縦の時系列において位置づけ、「異時的依存関係」において生き続ける人間を捉えます。

「生命持続の法則」

異時的依存関係の最も根本的なものが「生命持続の法則」です。

先に、種子と花と実の例をあげましたが、人間もまたこの自然法則の下に、誕生から死に至るまでの時間的推移の中で、異時的依存関係の下にひとつの生命に貫かれ存在し続けるのです。

植物たると、動物たると、また、人間たるとを問わず、生あるものはすべて時間的に異時的な依存の関係において生きています。それを「生命持続の法則」と言い、これは生存の理法であります。

前述の植物の場合、種を蒔《ま》くとそこから芽が出て、葉が出て、茎が出、花が咲き、実を結びます。人間の場合、精子と卵子の結合によって受胎し、胎児となり、胎児が誕生することによって新生児となり、そして乳幼児から次々と、少年、青年、壮年、老年と各時期を経て死に至る、時間的推移の中での依存関係において変化していくのであり、これを別の言葉で言えば〈成長〉という言葉になります。

この「依存」という言葉の「依る」という文字の「よる」ですが、辞書には「依る」「由る」「因る」となっています。「よる」というのは「それが原因となって」「それがあることによって」、すなわち、不可分的関係を意味します。

したがって、ここから「相即」という言葉が生まれてくることになります。「これがあるから、これがある」ということになります。したがって、「これがなければ、これがない」ということにもなるのです。

受胎があるから胎児が存在し、受胎がなければ胎児も存在しません。胎児が存在するから新生児が誕生します。しかし胎児が存在しなければ新生児も存在しません。胎児が存在しても、それが異時的依存の関係がなかったなら、胎児は胎児のままに、幼児は幼児のままに、止まるほかはありません。種子は種子、葉は葉、花は花ということになってしまいます。

万物は、すべて時間的変化の中で相互に依存し合い、関係し合って、持続的に存在しているのであって、それがゆえに生命というものは持続するのです。

現代科学は、生命科学の立場から遺伝子ＤＮＡの解明により、遺伝情報を確実に次の生命に伝達することにより、生命の連鎖を証明してきています。

例えば、ユリの種はユリの花になります。種と花は変化して別のものになっていますが、しかしユリはユリです。ユリがバラにはなりません。

仮に今、Ａという胎児が、胎児期から死期に至るまで、さまざまな段階を経て、Ａは、幼児、少年、壮年、老年と変化していきます。しかしＡはＡであります。Ａであることには変わりはありません。幼児期のＡ、成人期のＡ、老年期のＡと、年齢、身長、知能も、みな変化してきているけれども、ＡがＢになってしまうわけではありません。生まれた時のＡと、老人のＡとは、まったく違うけれども、Ａという胎児はＡという老人になるし、Ｂという胎児はＢという老人になるのです。

変化の中の同一性、非連続の連続性という、一見、矛盾したように見える関係の中で、すべての存在が相依相関しつつ繋《つな》がっているのであり、それゆえに人間も人間として存在し続けることが可能となるのです。

このように、変化することは、断滅、つまり切れて無くなってしまうのではなく、非連続の連続を続けていることであり、「変化しつつ変化しないものがある」がゆえに、同一性が保たれるということであります。

相関関係がある限り、変化しながらも永遠に持続し、しかも一定の「変化の法則」に従っているのです。変化しながら自己同一を保っている、そこに「生命持続の法則」があります。

こうした「生命持続」の法則に基づき、永遠の生命の連鎖が、宇宙・自然界における人間の実存でありましょう。

現代の科学が、地球上の生物の基本的な性格は、結局、同一性の維持であると言い、個体維持、種族維持、この二つの同一性はＤＮＡという遺伝子の帯によって保持されていることを証明していますが、この東洋の古代の聖者が説く原理「生命持続の法則」の証明であります。

〈人間とは何か〉の探究は、まずこうして純客観的に、自然界における人間の位置づけを、縦の時間系列の上に「異時的依存関係」において捉えます。

同時的依存関係――空間的系列における位置づけ

次に空間系列、〈場〉において人間の位置づけを捉えます。

東洋の自然観「人間即自然」の哲理が示すように、人間個人の空間的位置づけは、取り巻く自然界（環境世界）の万物万象と「同時的依存関係」において捉えられます（図7）。

〈同時的依存関係〉

（図7）

人間　即　自然

個人　と　環境世界

空間系列 ――――――――――――

〈同時的依存関係〉

環境世界（＝宇宙・自然）は大別すると、人的環境、物的環境、自然環境となります。人と人、人の住み合う家庭、社会、人類といった「人的環境」、衣食住から大地等に至る「物的環境」、空気や光や熱、温度、湿度といった「自然環境」。

環境はいろいろに分類できますが、私はこの三つに大別します。

人間個人は有形の肉体を持つと共に、無形の心や感情や意識を持つ精神的生き物です。

精神と肉体は、概念や言葉は別であっても、実存の人間は心と体は分離しようがなく一如《いちにょ》（一体不二）であります。

その心と身体を持つ個人はまた、「人間即自然」の哲理に照らし、環境世界（宇宙・自然）と不可分の関係で切り離すことはできません。

このように人間の存在は時系列において生命の連鎖を続けながら、空間系列において「心・身・環境」が相互依存の関係につながりつながって分離しようがないのであります。

（図8）

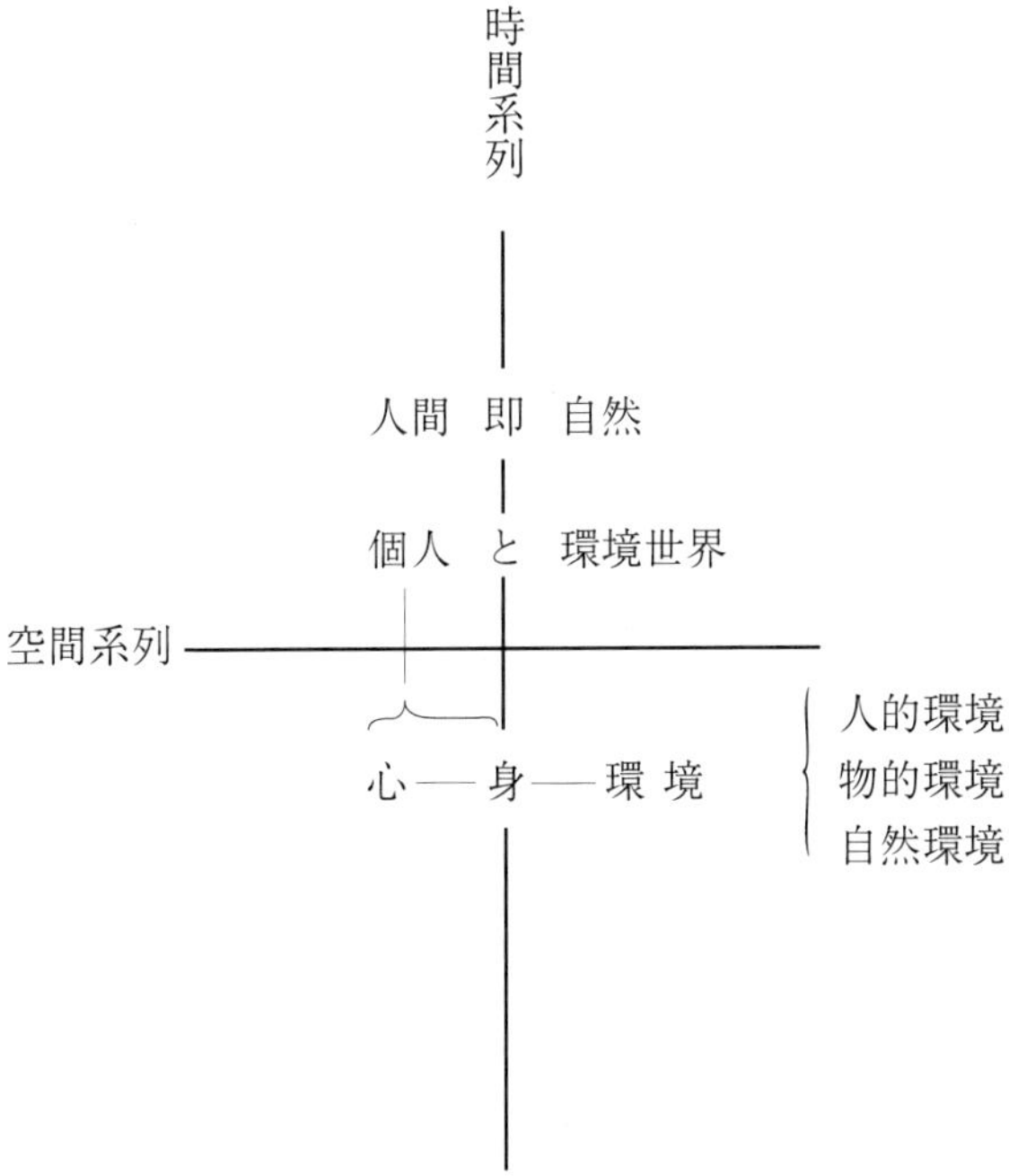

「主・客未分の法則」

人間を小宇宙と言いますが、人間は無形の精神的存在として、内なる世界（宇宙・自然）に属し、そしてまた有形の肉体的存在として外なる世界（宇宙・自然）に属しています。

そして感覚を通し肉体に属する六つの感覚器官を媒介として、内界と外界をつなぎ、人間の存在をあらしめています。

同時的関係に属する最も根本的なものに「主観と客観、主体と客体の不可分」の関係、つまり「主・客未分の法則」があります。

作用を及ぼす方が主体であり、作用を及ぼされる方が客体となります。いま私が美しいバラの花を見ている。この場合、見る私が主観であり、主体であり、見られるバラが客観、客体となります。認識主観に対して、対象となるもの、知られるものは客観であります。

〈私〉の主観の働きは、六つの感覚が六つの感覚器官を通して、対象となる外界、客観世界を認識します。〈私〉の目は色や形を見、私の耳は声を聞き、私の鼻は香を嗅ぎ、私の舌は味を知り、私の身は触（硬さ軟らかさ）を知り、私の意はものの存在を識分します。目の視覚、耳の聴覚、鼻の嗅覚、舌の味覚、身での触覚や温度覚、圧覚を総合した意識でものの存在を知りわけます。

この認識主観の六つの認識の働きと、六つの認識される世界との認識関係の上に、私たちの具

（図9）

〈人間即自然（宇宙・環境）〉

個人　と　環境世界

心 —— 身 —— 環境 ｛ 人的環境 / 物的環境 / 自然環境

空間系列

内　界	外　界
主　観	客　観

視覚 —— 眼 —— 見る
聴覚 —— 耳 —— 聞く
嗅覚 —— 鼻 —— 嗅ぐ
味覚 —— 舌 —— 味わう
触覚 —— 身 —— 触る
意
（総合した感覚意識）

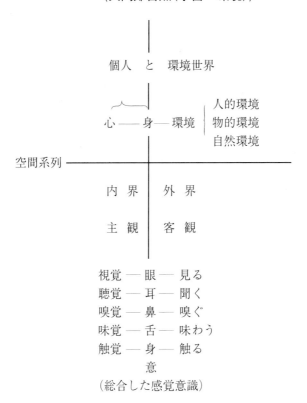

体的な現象世界（宇宙・自然界）は成立するものであり、もし仮にこの認識主観の六つの働きと、それによって知られた六つの世界以外に世界があるとしても、それは無きに等しく、私にとっては何の意義も持たない無縁の世界となります。

このように主観と客観はそれぞれが各個別々のものとして在るものではなく、主観を離れて客観はなく、客観を離れて主観もなく、あくまでも相互依存の関係の上に成り立っていると東洋の哲理は教えます。

「人間即自然」の哲理から、人間と環境世界の「同時依存関係」が導き出されましたが、これは「同時的依存関係」にあるすべての相対する存在は、相互依存の関係において不可分であることを教えています。

〈自と他〉〈我と彼〉〈個と全体〉〈私と世界〉も両極に別々にあるのではなく、表裏一体の関係にあります。

自を離れて他もなく、他を離れて自もない
個を離れて全体もなく、全体を離れて個もない
私を離れて世界もなく、世界を離れて私もない

言い換えれば、
自があるから他があり、他があるから自もある

個があるから全体があり、全体があるから個がある
私があるから世界があり、世界があるから私がある

と言えます。

全体が個の集合であってみれば、個は全体の中にあってこそ〈完全な個〉であり、全体と切り離して孤立した個は〈不完全な個〉となります。

このように、人間個人（個体生命）は孤立した生命体ではなく、環境（全体生命）との相互依存の関係において成り立っているのです。

この相互依存の関係を離れたら、個体生命は死滅します。

時間的に、空間的に、縦横無尽の網の目の関わり関わられる依存関係において万物万象は存在し、その相互依存の関係を離れたら一物も存在し得ないという厳然とした客観的事実の上に、人間の生存も成り立ち、生活が営まれているのです。

主観（主体）の〈知る働き〉と、その対象、客観、客体、〈知られる世界〉、この認識関係の上に、私たちの具体的な世界（宇宙・自然）は成立するものであって、もし〈認識主観（主体）の私〉があっても〈知られる世界〉がなかったら私は無いに等しく、もし〈知られる世界〉があっても〈認識主観（主体）の私〉がなかったら、それはまた私にとって無いに等しい無縁の世界です。

この主観と客観の〈相即〉の原理は、主観が客観に従うのでもなく、客観が主観に従うのでも

なく、主観と客観が同時依存で成り立つという哲理であります。

カントの認識論「主観が客観に従うのではなく、客観が主観に従って、主観〈私〉が客観を可能にする」を越えることになりましょう。

デカルトの〈われ思うゆえにわれ在り〉の言も、このカントと同じ認識論に立っての言でありましょう。この認識論は共に、主観を主とし、客観を従とした、あくまでも「人間対自然」の自然観から導き出されるものでありましょう。

〈われ思う我〉は認識主観ですが、〈ゆえにわれ在る我〉は認識される世界の実存の我です。思う我が無ければ、思われる我も無く、思われる我が無ければ、思う我もまた無く、思う我と、思われる我は表裏一体の関係であります。

表と裏の関係は、表の存在は裏の存在においてはじめて可能であり、裏の存在は表の存在においてはじめて可能であり、表裏は一体であります。

華厳《けごん》思想はこの関係を実に明解に説いています。「万有（時間・空間の間に存在するすべてのもの。万物万象）はその真諦において融合し、一体である。水即波、波即水という関係で、不離一体に溶け合っていて区別されない」。二にして一であり、一にして二の〈相即〉の原理であります。

東洋の「人間即自然」の哲理の示す世界観、宇宙観は、あくまでも万物万象が相関関係の上に成り立つ相即の原理の観相であります。

（図10）

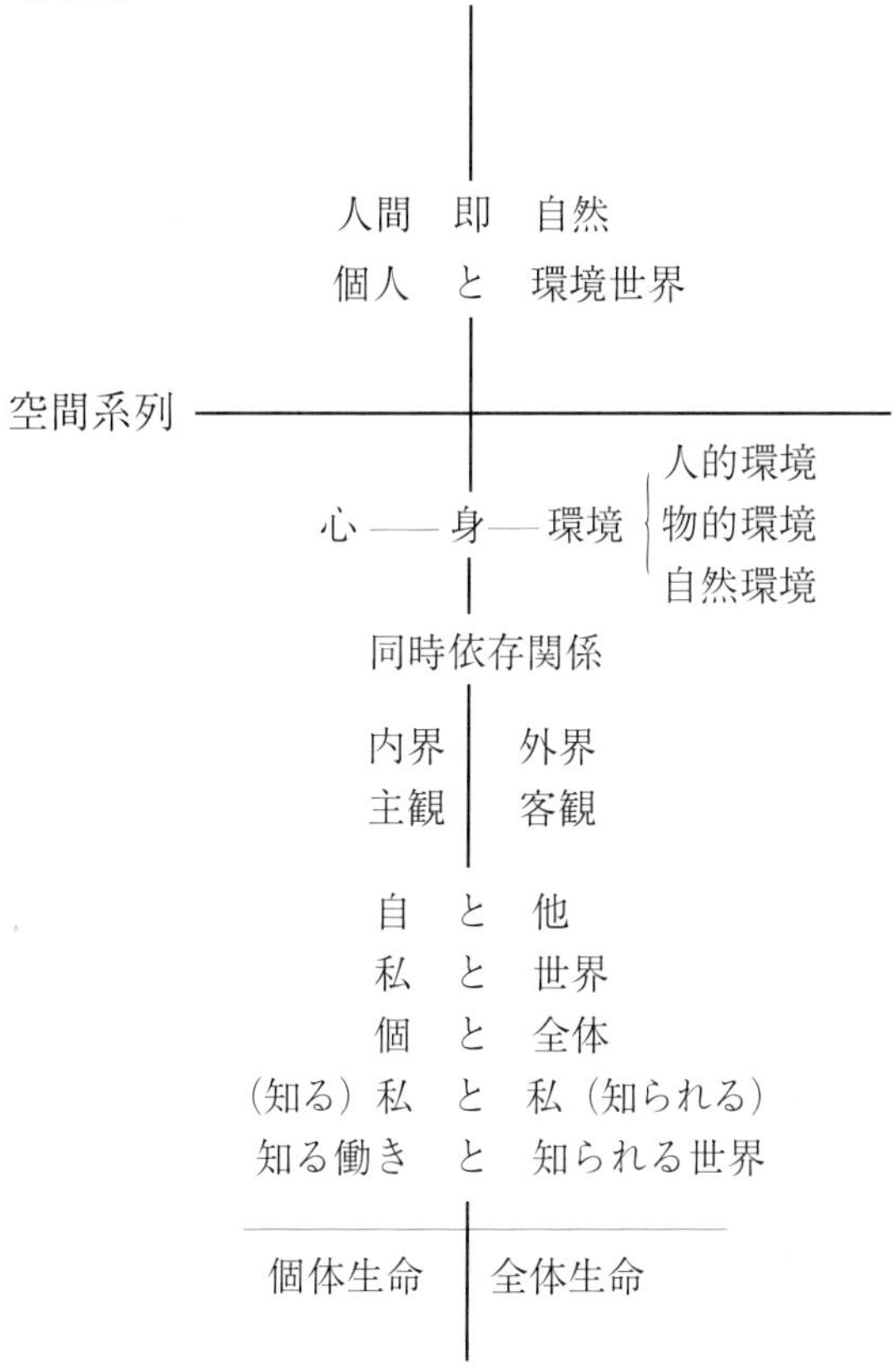
人間　即　自然
個人　と　環境世界
空間系列
心——身—環境
人的環境
物的環境
自然環境
同時依存関係
内界　外界
主観　客観
自　と　他
私　と　世界
個　と　全体
（知る）私　と　私（知られる）
知る働き　と　知られる世界
個体生命　全体生命

「自然と人間の関係」において、人間を自然界に位置づけたとき、自ずと、我々人間が〈生きている〉存在であると同時に、〈生かされている〉存在であることの認識に立たざるを得ません。

この意味において〈私〉という個体生命は、全体生命という環境世界（自然・宇宙）と不可分の関係にあります。

こうした関係にある人間が、自分を生かしている自然・宇宙の環境世界（人的環境・物的環境・自然環境）に生きながら、もし「人的環境」において他者との関係を断絶し、疎外し、孤独の状態となったとしたら、恐らく生きることは不可能になりましょう。

もし「物的環境」において衣・食・住を失ったら、大地を不毛にしたら、また生存は不可能でありましょう。

もし「自然環境」において、空気や河川が汚染され、太陽の光や熱が失われたとしたら、人間をはじめすべて生命あるものは死滅するでありましょう。

しかし今まさに「人的環境」においても、最も身近な家庭においてすら人間関係の崩壊が進み、「物的環境」にしても、「自然環境」にしても、破壊の一途をたどり、今まさに精神的にも、物質的にも、病理現象を呈しています。

しかも、これら人類の生存を脅かし、自らの首を絞める愚行を、人間そのものが自らの手で行ないつつあるのです。

それゆえにこそ自然界における人間の位置づけ、自然と人間との不可分の関係の確認の急務を、声を大にして訴えるのです。

十七世紀、デカルトが、人間とは何か、精神とは何かの疑問を解くため、方法論として「心・身二元論」を立て、そこに近代科学の基礎が築かれたと聞きます。

物質と精神とを分けて、物理学を先頭に物の世界の探究が進められました。

二十世紀前半、物理と化学の融合がなされ、さらに二十世紀後半、分子生物学の台頭により、古典生物学における細胞レベルまでの解明が、さらに分子レベルまでの解明へと進み、そこに生命を扱う医学、農学、生物学と、無生物を扱う物理、化学の融合が可能になったことは、革命的科学の発展と科学者は言います。

私たちの住む現象世界、宇宙自然界には、まだ未知の数多くの法則性があると思います。今後、次々に発見、解明されるでありましょう。

ニュートンが発見する以前から、引力の法則は自然法則として厳然とした自然界の掟としてありました。慣性の法則、因果律や、循環の法則にしても、すべて宇宙・自然界の秩序であり、自然法則であります。

昔の人々は科学的知識として、引力の法則も、慣性の法則も、因果律も、知らなかったけれども、経験の中から生活の知恵として知り、物を落とせば下に落ちることを知り、屋根に上がったら足を踏み外さないように注意し、急カーブを曲がるときは速度を落とすといった生活慣習に応用してきました。

科学は自然の秩序や摂理を計算し、測定し、次々に科学的法則性として解明してきました。こうして、科学的解明は、自然法則の活用、応用によって、人類に大きな貢献をもたらしてきました。

しかし、私はそこに大きな盲点を指摘したいのです。

人間が自然界を対象化して捉える「人間対自然」の西欧の自然観を基盤として発達した科学の最大のミスは、人間自身を自然界の外に置いて、自然を単なる物質の世界として観察し、科学してきたことです。これこそ現代科学の最大の盲点です。

認識する主体としての私は、自然界を対象的に捉えることはできますが、認識される客体としての私が自然界の一物としてその中に存在していることを無視しているのです。

自然環境に〈人間〉が、〈私〉が入っているのに、人間・私を抜いて自然界を単なる物質的対象として科学しているのです。

しかし人間は、自然の一物として自然界の仕組みの中に組み込まれている生き物です。

自然界の一生物として、空気を吸い、水を飲み、太陽の光や熱を受けて生存しているのです。

今日まで人間は観察者の立場からのみ、自然を観察の対象として探究し、研究してきました。

自然を無限の宝庫として、科学的知識、技術を駆使し、自然を開発の名の下に利用し、支配するといった飽くなき人間の欲望が、自然を収奪する暴挙を続けてきました。

しかし、その中に人間が居るのです。私が、居るのです。

自然界に生物としての制約を持つ人間、私が居るのであります。

人間の無知と暴挙が、宇宙生態系を破壊し、人間の生存や、地球の存続を危うくしているのです。

今まさに、その自らの首を絞める愚かさに気づくことを、大自然から警告されている人類でありましょう。

人類は、ここにまさに文明史的転換を急務として迫られていると言えます。

現代科学は「人間対自然」の観相から、自然界を人間を抜いて単に対象物として開発し、自然法則を物の世界にのみ応用、活用し、人類文明の驚異的発展に寄与したのです。

しかし、二元論を出発とした科学の盲点が、今ここに明らかになってきました。

心・身・環境の一元論

私はここに東洋の「人間即自然」の観相に基づく「心・身・環境の一元論」の哲理を提起する

のです。

もし科学が自然を単に物理的対象物として観察、分析するのでなく、自然界に人間を組み入れて科学し、人間の「心と身体と環境」を一本に貫く自然法則に従って科学したならば、科学の功罪の〈功〉においては、人類社会へのその貢献は、物の世界への効果とは比較にならない大きなものとなりましょう。

まして今世紀、物質文明、科学技術文明の行き詰まりをもたらした〈罪〉に大きな救いをもたらすこととなり、科学にとって世紀の覚醒となりましょう。

いま新しい科学の目標が、十七世紀にデカルトの唱えた「心・身二元論」に対し、自然科学の立場から「心・身一元論」に突き詰めることにあると言われています。

現代生まれた生命科学や精神科学は、科学がようやく「物質」の追求から、心と身体を持つ「人間」の探究に入らざるを得なかった必然でしょうし、まさに科学の正常化とでも言えましょうか。

私はこの心・身一元論に、さらに環境世界を入れて、心・身・環境の一元論を打ち立てることを試みてきました。

人間の心と身体は切り離しようがなく、また、人間と、人間を存在させる環境世界とは切り離しようがなく、本来、心と身体と環境はつながりの中にしか存在し得ないのです。

この「心・身・環境」の一元論は、同時に環境哲学として大きな役割を今後に背負うことになりましょう。

私がこの「心・身・環境の一元的」哲理を生涯教育論としてはじめて発表したのが、一九七四年、ベルギー・ルーベンにおける平和会議でした。

環境問題がまだ世界で論議される以前でした。「平和のための教育」の部会で、私が平和の定義として「心・身・環境の調和のとれた状態」と提起したのはこの哲理によるものでした。

第一部でも述べましたように、心・身二元論の哲理の思考できたヨーロッパの人々にとっては、環境世界までをも含めた一元論的哲理は理解し難いものであったでしょう。議長のルカー女史から疑念として出されましたのは、「日本が急速に高度経済成長をしたから、環境との調和を図らなければならなくなり、それで環境との一体の理論を出したのか」という質問でした。

それに対して私は「そうした理論は、もともと日本人の体質ともなっていたもので、それを私は改めてひとつの論として打ち出したのです」と答えました。

しかし戦後、科学思想、科学教育一辺倒の中で、今、日本人にもこの「自然と人間との一体感」は薄れつつあるのは事実です。

大自然の構造と秩序法則から「教育理念」を導き出すにあたり、まず人間を深く知る第一の手がかりとして、自然界における「人間の位置づけ」を純客観的に観察するところから始めました。

こうしてまず、自然界の一生命体である人間個人を、縦の時間的系列に捉えると、異時的依存関係において、伝達し伝承する永遠の生命の連鎖の上に、人間の位置づけが確認されます。

次に、横の空間的系列に人間を捉えることにします。人間個人は精神と肉体とを持ち、まわりの取り囲む環境世界（人的・物的・自然）と同時依存の不可分の関係において位置づけられていることが確認されます。

こうして時間的永遠と、空間的無限において人間の位置づけをそれぞれ確認してきました。

次に、この時間・空間の中に生き、時間・空間の交錯する一瞬の〈今〉を生きる人間を、この縦の時系列における位置づけと、横の空間系列における位置づけにおいて総合的に捉えます。

以上、「人間とは何か」の大命題を、自然観の哲理に基づき「人間と自然の関係」において探究してまいりました。

純客観的観察として、このように自然界における人間の位置づけから考察を進めた結論として、人間個人は、命の伝達伝承を続けながら、ミクロの分野から、身を置くマクロの環境世界、宇宙空間まで、連続と関連の一直線上に生きている存在であることが認識されました。

（図11）

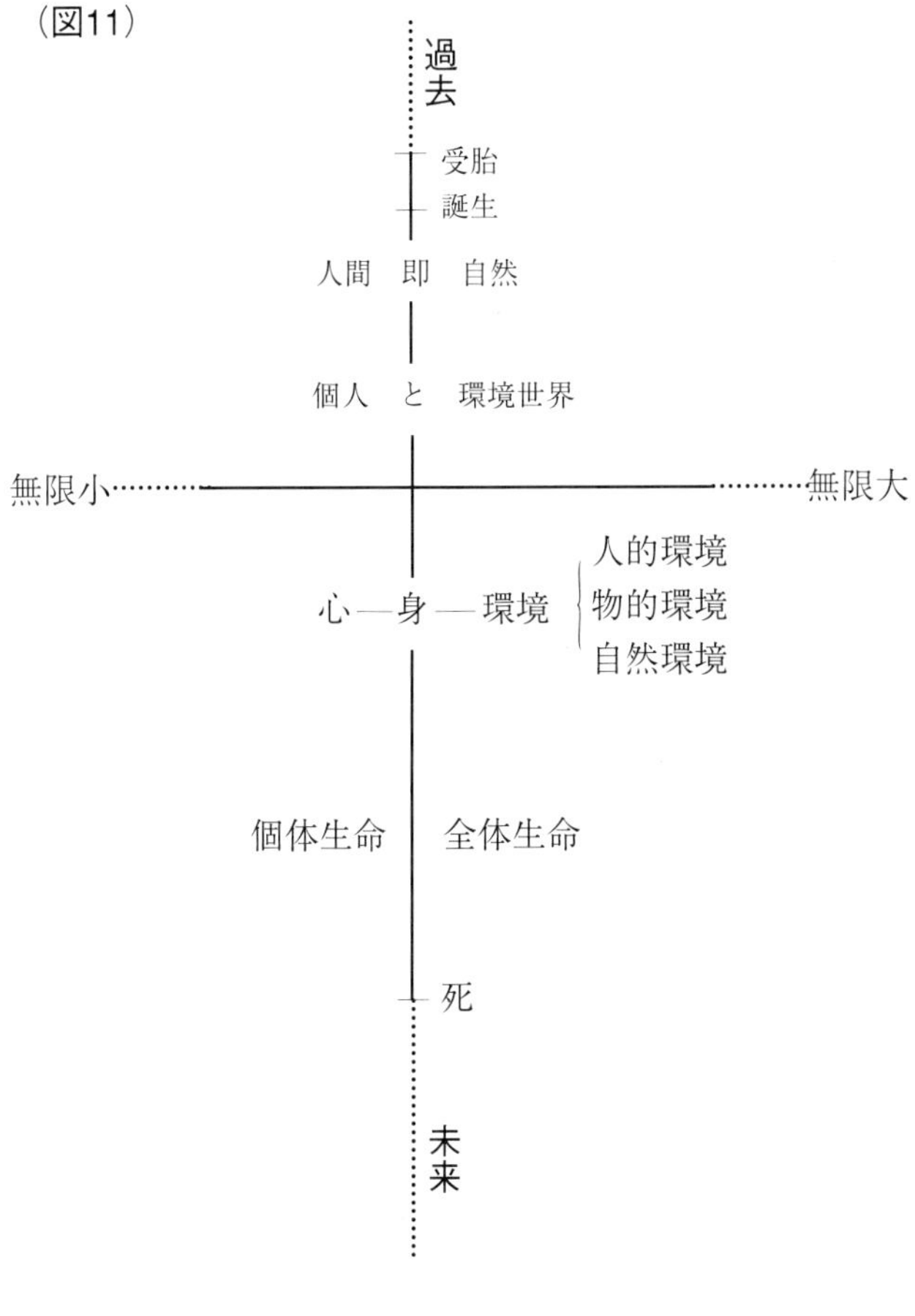
過去
受胎
誕生
人間　即　自然
個人　と　環境世界
無限小
無限大
心—身—環境
人的環境
物的環境
自然環境
個体生命
全体生命
死
未来

時間的〈今〉を、空間的〈場〉に生き続ける人間の存在は、同時に、時・空を越えた〈永遠〉と〈無限〉の世界をも共有する存在であることの確認となります。

東洋の自然観が、生命観であり、人間観、世界観、宇宙観をなす哲理の所以であります。

ここに「宇宙即生命」「宇宙即人間」の哲理が証明されます。

人間の人体を小宇宙と表現するのはこの意でありましょう。

宇宙・自然と人間の関係において、自然界における人間の位置づけをこのように確認したとき、この「心・身・環境」の一元的把握は、すべての生命にとっての至上価値「生存の原理」の立証となります。

この「生存の原理」は小さな惑星地球に共に住み合うすべての人々にとっての「共存の原理」となるものであり、今世紀人類が希求してやまない「平和の原理」となり得るものと確信します。

我々人間は己が人間でありながら、あまりにも人間を知らなすぎる、己を知らなすぎます。

人間を一番知らないのは人間でありましょう。自己を一番知らないのは自己でありましょう。

あまりにも身近なものは、死角に入り、見えないものなのです。

ゲーテの「世界のことは理解できるが、最も理解できないのが自分自身である」の言は、もっともであります。

その意味からも、自分自身に至る解明こそ、世界のあらゆる問題解決の鍵となるはずです。

有限の世界には〈核〉を成すものは唯一ですが、無限の宇宙には一人ひとりが〈核〉になり得ます。

宇宙の〈核〉を成す人間の解明は、宇宙そのものの解明に等しいものであろうことを、私は長年の〈生きた人間教育〉の中から感得してまいりました。

さらにこの自然宇宙における人間の位置づけの確認は、そこから人間の価値づけを導き出す前提となります。

人間の価値づけ

自我不確実の現代人にとって、この宇宙空間における自己の位置づけの確認は、人間を知る、己を知る、確かな手応えとなるはずです。事実、日々の私たちの教育活動の中で多くの例証を得てまいりました。

フランスの古生物学者、故ジャック・モノー氏が現代人の精神の病を指摘し、それは「没価値的な自然科学の上に築かれた現代文明の中で、我々個人が自分の〈位置づけ〉〈価値づけ〉ができないということに起因している病である」と言及しています。

もし東洋の哲理に基づく、宇宙・自然における人間の「位置づけ」「価値づけ」が、万人に普遍妥当な哲理として納得されるならば、ジャック・モノー氏の指摘した現代人の病は大きく癒《いや》されましょう。

私は、この自然界における人間の純客観的な「位置づけ」の確認から、さらに人間の「価値づけ」を導き出すことを試みました。ここから導き出される人間観は続巻の第三部で詳しく述べることにしますが、私は生命の概念を次の四つの特徴に抽出しました。

第一に「歴史的永続性」。原始生命以来生き続けた生命は、形而上学的生命ではなく、永遠の時間を生きてきた歴史的実存であります。

第二に「強靱な復元力」。歴史的実存であるがゆえに、原始生命から現生人類に至るさまざまな試練を経た進化の過程は、人間生命の強靱な復元力を証明します。

第三に「文化的遺産」。遺伝子DNAは、過去の遺伝情報を正確に次の生命へと、次の生命へ、細胞を通して伝達、伝承し続けています。そこに蓄積された伝統的文化遺産をすべて内包する人間を、私は〈最高の文化遺産〉としています。

第四に「生命の神秘的メカニズム」。心臓や肺を誰が動かし、胃や腸やあらゆる臓器を誰が操作しているのか。これは人為的誰の手によるものではなく、あらゆる機能が独自の働きをしながら、有機的相関関係の下に見事に総合的統一がなされ、はじめて人体は機能するのです。その神秘さ、素晴らしさは、科学の解明が分析的解析的に組成や働きを説明できるにしても、生命の神秘的メカニズムの解明は不可能でありましょう。

以上、生命の特質を「歴史的永続性」「強靱な復元力」「文化的遺産」「神秘的なメカニズム」の四つの概念にまとめました。

こうした生命の普遍的概念に立ち、さらに宇宙の〈核〉として、永遠の時間と無限の空間の一点に人間を「位置づけ」たとき、ここに自ずから人間の「価値づけ」が導き出されてくるのです。何人も冒すことのできない「人間の尊厳」、根源的な「人間の平等」、本具的な「人間の自由」。こうした、すべての人々が最も価値として希求する〈尊厳〉〈平等〉〈自由〉は、人間が本来、本質的価値として、本具（元々具《そな》わっている）して持つ人間自らの価値であることがここに明らかになります。

この本来人間が持つ本質価値の自己実現こそ、教育の第一義でありましょう。

これこそ私が生涯教育論に顕彰を願った「人間本具の価値」への目覚めであります。

私の生涯教育の理念は、東洋の自然観の哲理に基づき、自然界の構造、秩序、法則を基盤として構築したものであります。そしてさらにこの哲理から私は、人間の復活、人間の本質価値を引き出す教育原理を打ち立てました。

第三章　野村生涯教育の基本理念

第一節　生きた人間のための教育

抜本的教育改革の試み

社会の実態は教育のバロメーターであります。精神的、物理的病理現象を呈するグローバル社会の実態は、既成の教育の歪みの集約を物語っています。

それゆえ、既成の教育の抜本的改革は、世界的に必然の要請でありましょう。

第一部で述べたように私は、教育の根本的欠落を、「目的喪失」「人間不在」に見出してきました。教育とは本来〈人間そのものを目的とした〉〈人間が人間らしくあるための作業〉でありましょう。

私は〈生きた人間のための教育〉を取り戻さなければと痛感しました。そして「人間とは何か」「生きるとは」「人間の価値とは」を追究してまいりました。

その結果、第一部で述べたごとく、病理的社会の今日を来した既成の教育の転換を次にあげる四つの要点にまとめ、抜本的教育改革に取り組むことを始めました。

①知識の教育から、智慧の教育へ
②知育偏重教育から、全人教育へ
③伝統文化学習から、文化創造の学習へ
④時限（学校）教育から、生涯教育へ

生涯教育の理論体系の構築とその実践化を、生きた人間や、人間生活の上に試みながら、三十余年間、絶えず理論と実践の両立と一致を図りながら教育活動を進めました。

科学的証明が理論により仮説を立て、実験によって証明するように、人間教育の原理を論として打ち立て、それが生きた人間、生きた生活の上に実証されなければ、教育論は何の意味も持たないでありましょう。

教育の改革にあたり、既成の教育のもたらした歪みを私は次の四点に見いだし、その是正に取り組みました。

知識の教育
知育偏重の教育
伝統文化学習
時限（学校）教育

この四つの既成の教育のもたらした歪みを

智慧の教育へ
全人教育へ
文化創造の学習へ
生涯教育へ

の転換を図ることにより、教育改革の試みとしたのです。

方法論や単なる弥縫策《びほうさく》がいかに不毛であるかを痛感した長年の経験から、抜本的改革を図らねばならないゆえに、人間の原点からの問い直しから始めざるを得ませんでしたし、その典拠を東洋の自然観の哲理に求めたのです。

単なる知識の習得を智慧に深め、知育一辺倒から〈知・情・意〉、〈知育・徳育・体育〉のバランスのとれた全人格の養成へ。

伝統文化の単なるコピー式学習から、時代に救いと方向性をもたらす文化創造の学習へ。

それゆえにこそ、既成の狭い枠組みの教育システム、「学校中心の教育」から、一生涯をトータルした「生涯教育」への転換がなされなければなりません。

ここで最も重要不可欠な教育改革は、単に教育方法や制度の転換ではなく、最も重要なポイントは、教育の中心に、目的に、人間そのものを据えなければならないことであります。

東洋の自然観の哲理から学び、「人間と自然の関係」において、人間が自然界の一生命体として、他の生命体やあらゆる物質系、エネルギー系と共生し、相関している存在であることを確認してまいりました。

さらに時間的、空間的連鎖の上に人間の位置づけを確認し、そこから価値を引き出すことを教育の原点に据えました。

野村生涯教育の基本構想は、すべて自然観の哲理から導き出された人間の実存に基づくものであります。

世界的教育改革期の要請に応えるべく生まれた教育理念、生涯教育を構築するにあたり、その構想から、理念、原理、定義に至る発想の根拠は、すべてここに置くものであります。

第四部で詳しく述べますが、教育原理もまた人間を律する自然界の法則から学び、〈生命持続の法則〉〈関係の法則〉に基づき、構築したものであります。

第二節　生涯教育の五つの定義

私は次の五つの要項を生涯教育の定義としました。

一．継続教育
二．統合教育
三．生活の教育化
四．生命の永遠性
五．人間の総合的把握

この五つの生涯教育の定義は、すべて「自然と人間の関係」に基づき、人間の「位置づけ」から導き出されたものであります。

私の持論とする「教育学によって人間が教育されるのではなく、人間によって教育学が打ち立てられるのである」に従い、この定義は自然の一物である、生きた人間の実存から学び得たものであります。

人間を知らずして、知ろうとしないで、人間を教育することは無謀であり、僭越であると思います。

最初に述べたように、教育とは己を知る、己自身に立ち返ることにほかなりません。己を知ることから他者を知り、普遍的人間を知ることに到達するのです。「教育とは、己を知ることに始まり、己を知ることに終わる」を私は持論とします。

人類史そのものが教育史

人類の進化の過程は、そのまま教育の過程であります。

原始社会において、生きることは学ぶことそのものであり、学ぶことは、生きることそのものであったと思うのです。

生きるために獲物をとり、身を守らなければならない。そのために道具や武器が必要でした。

最初は単純にあり合わせの石や木を使ったが、獲物をより多くとるためにも、調理するためにも、道具の先を尖《とが》らせ鋭利にしていきました。こうした槌《つち》や斧《おの》の石器時代から、さらに青銅器時代、鉄器時代へと段々と進化を続けました。

さらに火を熾《おこ》すことも、言葉を生み出し、文字を創ることも、衣食住に必要なすべての用具を作り出すことも、必要に応じてすべて自然から学習し、創造し、自己啓発をし、それを次々伝授してきたと思うのです。

まさに教育そのものであります。

そのようにして、人類の文化や文明は進んできたのでありましょう。

人間生命が継続しているゆえ、教育も文化も継続の上に成り立つ作業であります。言うならば、人間そのものが生命持続の法則により、時系列の上に連鎖を続け、生き続ける存在であるからこそ、教育も文化もまた本来、継続の上に成り立つものであると言えます。

このように教育本来のあり方を見ていったとき、もともと、人間教育は人間の生命の継続にともなう文化の一形態とも言えるもので、こうした意味から至極当然のこととして、継続教育こそ教育本来の姿に立ち返ることにほかならないと言えます。

先に図示（一八一頁）したように、人間は生命の伝達、伝承の連鎖を続ける生命体であり、垂直的時間系列に位置づけられた存在であります。

この位置づけにおいて、人間は時間的変化の中に同一性を保ちながら非連続の連続を続け、受胎から死への変化のプロセスをたどるのです。刻々変化し続けることは、言葉を換えれば「成長」を意味することになります。

この図は先に述べたように、個人の一生涯にわたる成長のプロセスであると同時に、この時間系列には、親と子の二世代の継続があり、さらに親と子と孫と、次代、次代のつながりが、先祖と子孫との長い継続ともなります。

（図12）

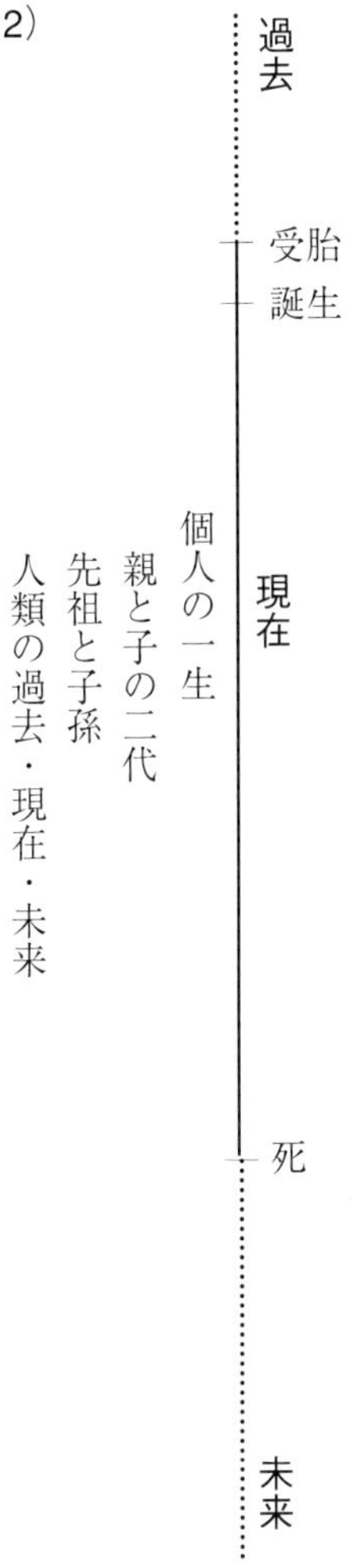

自然界の生命体としての人間の実存であります。

さらに人類もまた、過去、現在、未来と、長い時間系列を、永遠の過去から、永遠の未来への継続の中を生き続けてきたのです。

この長い「成長」の歴史は、まさに「人類史は教育史」と言える所以であります。

人類史を永い生命史のプロセスに位置づけて図示すると、下図になります。

学説によれば生命の歴史は、四十億年とも、三十五億年とも言われます。見える生命としてこの地球上に誕生したのが六億年前と言われます。

六億年前に、この地球上に初めて生命が誕生しました。それ以前は、三十億年とか、三十何億年とか、隠された生命としてあったと言われる生命体が、初めて地球上に誕生しました。

海の中の藻類とか菌類とか、軟体の水生動物とか、

人類の歴史がいかに短いか、その比率を表わす)

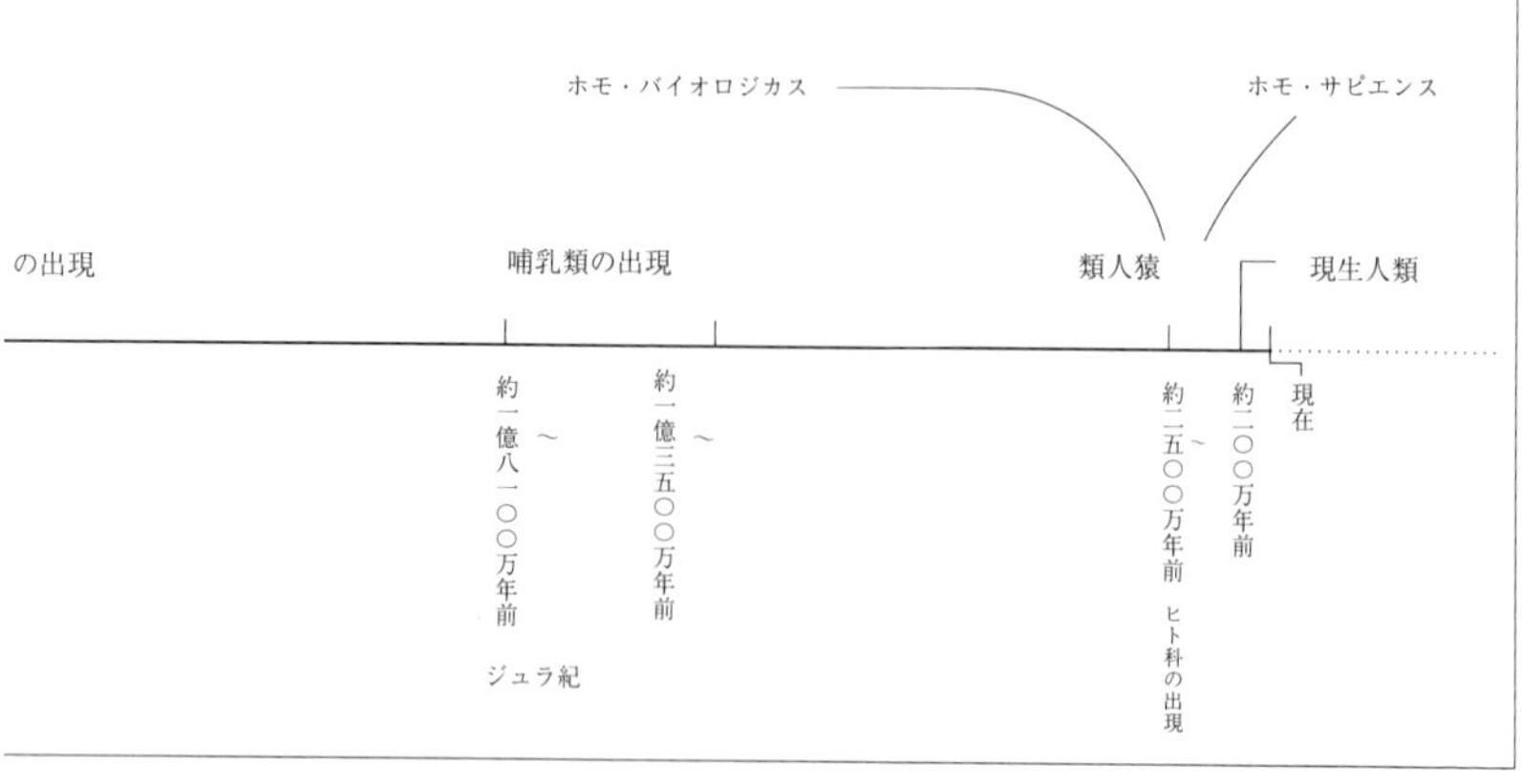

そうしたものであったろうと思います。そこから、ずうっと今日までの長い長い進化をたどり、現生人間になったのです。

四億二千五百万年前頃、地層的にいえばシルリア紀ですが、その頃はじめて生命が海から陸に上がったと言われます。

そして両棲類の時期を経て、爬虫《はちゅう》類の出現もその間にあり、人類と同類の哺乳類としての誕生が、一億八千百万年前にあったと言われています。

それから類人猿を経て、今日の人間があるということになります。

それまでの長いホモ・バイオロジカス、つまり生物人間としてあったところから、今日進化した知恵ある人間、ホモ・サピエンスとしての誕生は、ごく僅か、百万年か二百万年前だと言われます。系統発生的に見た永い生命の歴史からいって、私たち現代

（図13）　人類史略図（生命の長い歴史の中で、現生

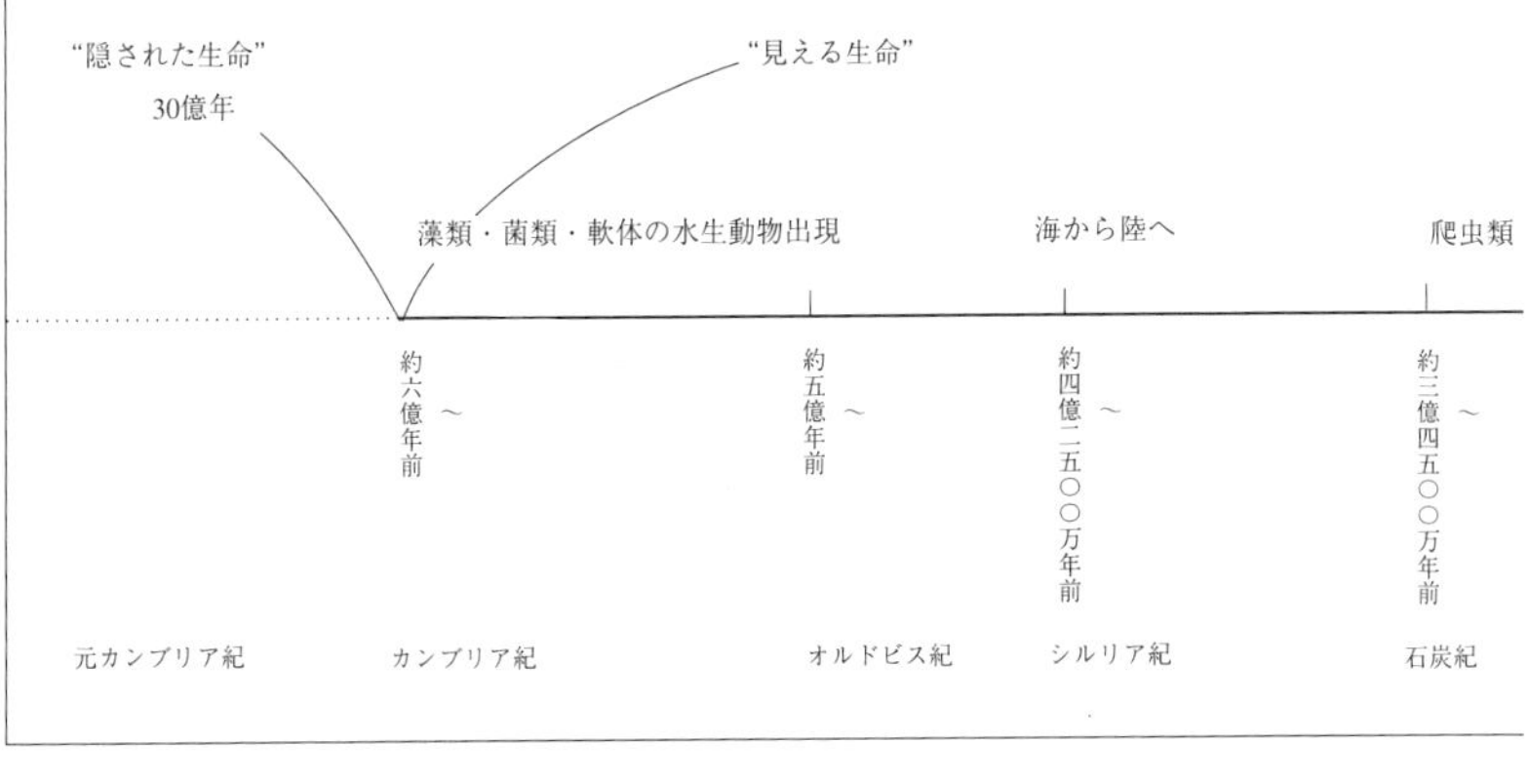

人の歴史が、近々始まったばかりのいかに短い歴史かということを、私はここで言いたいのです。

知恵ある人間、ホモ・サピエンスの歴史は、百万年か二百万年、学説によっては三百万年とも言われますが、何十億年の生命の歴史から見れば、その中の百万年、二、三百万年は、まだまだごく僅か、始まったばかりだということになります。

系統発生の縮尺

このことが教育上非常に大きな意味を持つことになってまいります。

それは、この人類の、いわゆる系統発生的進化が、人間個人の成長の段階、個体発生と実に類似しているということが、教育に重要な鍵を持つからです。

精子と卵子が結合し、受精卵は分裂を繰り返し、細胞集塊として胎芽となり、分化し、手や足や組織臓器を作り上げて、胎児として発育、そしてこの世に誕生します。

新生児が段々、手足の四本で這いまわる段階から、一年前後で二本の足で立つようになります。そして、立って歩き、段々知恵がついてくるプロセス、つまり受胎から誕生し、幼児期のたどる過程、この個体発生が人類の系統発生と実に類似しているのです。

すると、人類発生以来の生命の永い歴史を縮尺したものが、人間個人の受胎からの成長段階ということになります。

人類史的立場に立って現代教育を考えるとき、この縮尺に当てはめると、人間個人の成長段階における乳幼児期は、最もホモ・バイオロジカス、生物人間の要素を持ちます。ここに私は幼児教育の大切な要点を見るのです。

この点については「継続教育における各時期の特色」において詳しく述べることにいたします。

人類三歳児説——現代人の無知

三十数億年の人類史の中で、二、三百万年のホモ・サピエンスの歴史の比率からいって、私は〈現代人三歳児説〉を謳っています。

現代人の自我の主張や、自己中心性は、まさに三歳児的幼児性を裏付けしています。自らの手で自らの首を絞める愚は、まさに三歳児的無知と言わざるを得ません。

ホモ・サピエンス、知恵ある人間の歴史がいかに短いかということは、言い換えれば、永い過去のホモ・バイオロジカス、生物人間としての要素の制約を、いかに大きく受けているのが人間であるか、ということになります。

人間の矛盾や錯覚や、人間の悩みや不幸は、より多くここに起因していることを思います。これは長年、人間の問題を扱ってきた中からの実感なのです。

現代教育の最大の欠落は、こうした長い生命の歴史をたどってきた〈生きた人間〉をまったく考慮に入れてこなかったことであります。

人間は生物として、誕生してから老人、死に到るまで、放置しておいても肉体的成長は続けます。しかし、ホモ・バイオロジカスからホモ・サピエンスへの進化の過程は、絶えず意図的向上をはかりつつ成長を遂げてきた歴史であったことを思うのです。

そこにこそ教育という目的的作業が存在するのです。

この意味において、長い進化の過程、「人類史そのものが教育史」であると私は定義するものであります。

1. 継続教育

この意味において、教育は本来、生涯をトータルした継続教育であります。

こうした本来的教育のあり方に照らしたとき、改めてここに現代教育の抜本的改革の要点が浮き彫りにされてきます。

既成の教育観は疑いもなく、個人の一生涯の中の一時期を限った「時限教育」、つまり「学校教育」即「教育」の概念でありました。

国により入学年齢には多少の相違がありますが、日本においては六歳で小学校入学、中学校、高等学校、さらに大学と、この二十数年間の学校教育期間を教育期間と固定的に限定した教育観でした。

十数年も前になりましょうか、ユネスコの元生涯教育担当官エットーレ・ジェルピ氏が「学校制度は歴史の中の限られた一時期に見られる文化のひとつの表現に過ぎない」と、このような意味の言葉をおっしゃられましたが、もっともなことであります。

日本においても、十九世紀後半、学校教育制度が導入される以前には、教育は国民の間に自由に、私学や寺子屋、藩学と広く行なわれ、さらに礼儀作法の見習いから、技術、芸能の習得に至るまで、教育は庶民の生活の中に幅広く行きわたり、人生生活を潤してきました。

学校教育制度の確立により、はじめて国家と教育の緊密な関係が生じ、そこに統一的な狭い枠組みで「学校教育」即「教育」の固定的教育観が生まれました。

教育の改革にあたり、第一の要点としてあげた「時限（学校）教育から生涯教育へ」は、この既成の固定的教育観からの脱却を意味します。

人間個人の受胎から死に至るまでの生涯の成長期間において、学校教育の期間は、生涯の一時期、児童期から青年期までを区切った期間です。

教育が目的とする「人格完成」「自己実現」へのプロセスは、当然、生涯かけての大事業であってみれば、明らかにここに、短時日の学校教育期間を教育期間のすべてと考える〈非〉を認めざるを得ません。

　まして世界的教育改革の理念として生まれた生涯教育においておやです。

生涯をトータルした教育計画、生涯設計

　そこに教育改革の第一要点として、既成の狭い枠組み学校教育から、受胎から死までをトータルした生涯教育への教育概念の転換がなされたのです。

　既成の一時期を区切った学校教育から、生涯教育という一生をトータルした教育計画、生活設計に転換したとき、教育は当然、生涯に継続して行なわれる作業となります。

「生涯教育」はそのまま言葉を換えれば「生涯継続教育」となります。私が生涯教育の定義の第一に、継続教育をあげたのはこの意義においてです。

　生涯にわたる人間の教育は、それぞれの成長段階における役割を果たしつつ、切り離されることはなく、当然継続して成り立っているのです。

　継続教育が、とかく学校教育修了後の教育を指し、したがって社会教育（成人教育）と同義語に使われがちですが、生涯教育の観点から言えば、学校教育以前の家庭を中心とした受胎から幼児期までの期間を受け、学校教育期間をも含め、さらに学校教育修了後の壮年、老年、死期に至る、あくまでも生涯にわたる期間の継続教育を意味するものであります。

既成の教育が三者を分断し、分節化し、そこに真の教育効果を上げ得なかった弊害が、教育を生涯に一貫継続して捉えることにより、大きく改善されます。

人生はマラソン

長い人生は例えればマラソンです。長距離のマラソンを、一時限の学校教育という短距離ペースで走ったとき、そこに当然起こり得る害として、教育が真価を失い、大学入学時点で息切れする若者の多くの姿をそこに見ます。

生涯にわたり教育期間が拡張されたとき、学校教育にすべての価値を集中することなく、そこに失敗や落伍者の概念がなくなるはずです。

高齢化時代を迎えた現代社会にあって、過去五十年、六十年の人生設計は根底から修正せざるを得なくなりました。

過去、人生五十年、六十年の時代には、退職後、子育て後の人生は短かった。しかし今、人生八十年を迎えた高齢化社会にあっては、第一線を去った後の長い人生を生きなければなりません。そのとき老後を支えるものは、学歴でもなく、輝かしい職歴でもありません。そこに生きがいを支えるものは何かが問われ、人間性の如何《いかん》が問われてくるのです。

ここにこそ生涯教育設計の重要性が問われるのです。

老後は幼児期に作られる

「老後は幼児期に作られる」は私の持論とするところですが、継続にこそ教育の成果は表われるものであります。

この観点から継続教育は、高齢化社会に資す教育として実に重要な役割を担うこととなります。老後は老後になって作られるのではなく、乳幼児期からの育成の積み重ねの集大成が老後を作るはずです。

それゆえにこそ、〈知・情・意〉、〈知育・徳育・体育〉のバランスのとれた全人教育を、より早期の乳幼児期から始め、生涯にわたって継続して行なうべきであることを強調するのです。

教育が伝統的学校教育中心から、生涯に継続した生涯教育に転換した意義は、単に時間的継続を意味するものではなく、また単に方法論的教育改革でもありません。

教育改革の本質に迫る重要な意義を持つものであります。

第一に、人間一人一人すべて教育の主体者となります。

学校中心教育は、児童、少年、青年を主体とした教育システムです。それゆえ、教育の主体者は青少年でした。

しかし、生涯継続教育となれば、人間一人一人にとって生まれてから死に至るまでの生涯が教育期間となり、人間一人一人、生涯かけて自己実現していく教育の主体者となります。

第二に、一方通行の教育はなくなります。

今まで、親が子供を教え、教師が生徒を教え、大人が子供を一方的に教育してきました。生涯教育の立場に立つとき、この一方通行の教育はなくなります。親も教師も、人間として生涯かけて成長する主体者であれば、絶えず学ぶ立場に立つ者でもあります。親が子供から、教師が生徒から、大人が子供から学ぶものは大きいのです。

作品の成果は作者が問われるものです。

この意味において、人間社会における教育は、すべて教え、教えられる相互教育において成立するものであります。

第三に、教える者こそ学ぶ必要があります。

時系列を同時に生きる人間集団において、親、教師、大人は人生の先輩として、先を歩む者として、モデルとなり、教え導く役割を持ちます。

それゆえ、教える者こそ、学ばなければなりません。

第四に、生涯設計に死期を入れる意義の大きさです。

死について語ることは、今日までタブーとされてきました。まして教育の分野で取り上げることはしてきませんでした。

しかし、生じ滅する生物の掟として人間の死は、不可避の現実です。その現実において、今、生涯教育について語るとき、生涯の教育設計に死を組み込むことは当然のことでありましょう。〈死〉を見据えたとき、〈生〉はまた、まったく新しい価値と意義を提起してきます。生きた人間の教育を扱ううえに、これらの要点は長年の伝統的教育の固定的概念を根底からくつがえすものとなりましょう。

新しい教育概念、生涯継続教育において重要なことは、一つは、教育の総合的把握であり、一つは、各時期、各時期の特徴の把握であります。

総合的把握の特徴について今まで述べてきましたが、次に受胎から死に至る生涯の一時期一時期の教育の特徴について、綿密な観察と対処の必要性を述べます。

継続教育における各時期の特色

人間生命は、父親の精子の染色体に乗っている遺伝子と、母親の卵子の染色体に乗っている遺伝子とが組み合わされ受精卵の中に宿ります。精子、卵子のそれぞれの染色体に乗っている遺伝子ＤＮＡは、それぞれ父方の祖先から来た遺伝情報、母方の祖先から来た遺伝情報を伝えます。

受精卵は子宮の内膜に着床し、分裂、増殖して胎芽となり、四肢や内臓諸臓器ができて胎児となります。そして、誕生し、新生児、乳児、幼児、児童、少年、青年、壮年、老年を迎え、死に至るのです。（図14）

人間個人が受胎し、誕生から死に至るまでのプロセスにおいて、各時期々々、それぞれの特徴を持ちます。

重要なことは、その時期々々に必要なものを、必要な時期に与えておかないと、後で補うことが至難になることです。

二つの必須条件

生涯をトータルした教育計画において必要なことは、この受胎から死期に至る生涯を一貫した教育における必須条件と、その時期々々の教育における必須条件の両者であります。

・生涯をトータルした教育においての必須条件

生涯を一貫した教育において、バランスのとれた全人教育を期す重要性です。

・各時期々々の特質においての必須条件

胎児期、乳幼児期、児童期、青少年期、壮年期、老年期等、それぞれの時期々々の持つ特徴に応じ、そのニーズを満たす教育の重要性です。

（図14）

受胎
胎児期
誕生
乳児期
幼児期
児童期
少年期
青年期
壮年期
老年期
死期

胎児・乳幼児期

卵子と精子の結合により受胎した生命は、胎生期十カ月を母親の胎内で過ごします。

過去、日本においては、胎児を人間として一歳年齢に数え、胎教の重要性を説いてきました。

私が長い人間教育の経験の中から、胎児から乳幼児期の教育を最も重要視するのは、個人の生涯を規定する最も基礎となる教育期であるからです。

胎児は温かな羊水の中で、母親の心拍動のリズムを聞きながら、子宮内膜を介した皮膚感覚を通し、母子未分の生命を生きてきました。そうした環境から、胎児が誕生を迎え、外界に出生したとき、条件のまったく異なった環境に出会い、自ら呼吸し、自ら母乳を吸うという初めての経験、その不安や恐怖は、肉体的にも精神的にも未熟であるだけに、いかにインパクトが大きいかは想像に難くありません。

我々大人でも、まったく経験のない異質の世界に入った時の、気後れする恐れと同質のものでありましょう。

その不安や恐怖を救い、衝撃を少なくするのは、胎内と同じ条件に近い、母親の肌の接触、スキンシップでありましょうし、そこにマザーリングがこの上なく大切であることを思うのです。

母と子は人間関係のプロトタイプです。この最初の原型において健全な関係が調整されたとき、生涯における人間関係もまた、原型に基づき調整されるでありましょう。

さらに〈無償の愛〉は、母と子の間に生得的に備わる至高の愛であります。

乳幼児期の愛情の飢餓は、人間性に愛の不毛をもたらします。最近の母子にこの欠落を数多く見、愛の不毛を若者に見るにつけ心が痛みます。

未発達の乳幼児期は系統発生のうえから見て、最も生物的要素を多く持つ時期と言えます。

この生物的要素は人間の基本的生命活動を支える土台となるものであり、個体維持も、種族保存もこの土台の上に成り立っているのです。

精神的活動の少ない下等動物がそうであるように、生物的要素の多い新生児は基本的欲求、本能的欲求によって、息をする、飲む、泣く、手足を動かす、排泄、眠るといった本能行動をとります。これは生きる習作です。

胎児の出生にあたり、スキンシップ、マザーリングがいかに重要かを述べましたが、それと共にこの基本となる本能的、生物的欲求を充足することから、生涯にわたる教育のすべては始まると私は考えます。

原型の作られる時期の教育の重要性は、その原型を下敷きに個人の一生が規定されるからであり、その生物的、本能的欲求を充足した上にこそ、はじめて知性、感性の健全な発育は望まれるからであります。

幼児期

幼児期は、特に両親をモデルとした模倣の時代です。

親である大人の日常茶飯事の一挙手一投足を、そのまま〈真似て〉子供の人間形成はなされるはずです。

母子未分から、徐々に自我を発見するプロセスは、反抗期と捉えられる二、三歳児頃から見えます。

親の側から見た立場からは反抗期と言いますが、子供を主体としたとき、それは母子未分から分離し、自己を発見しようとする大事な成長期であると言えます。

この時期、あれ何、これ何と、あらゆるものに好奇心、関心を持ちます。知性の開発につながるこうした関心を、大人がどう捉え、答えていくか。この対応の如何において知性、感性のバランスある人間性の開発がなされ、自我意識のめざめは健全な自我の確立へ向かいます。

児童期

幼児期から児童期への成長段階は、大きな一つの溝を越えます。

肉親間の限られた人間関係から、小学校入学という多数の他人の集団に仲間入りするのです。生活の上の大きな変革です。生まれて初めて経験する「社会」でありましょう。

乳幼児期からの積み重ねられた習性が、この新しい世界に対応していくのです。

多分に生物的要素の残るこの年代は、ギャングエイジの時代と言われています。冒険や乱暴、ケンカや仲間づくりや遊びといった、さまざまな自己の内部をそのまま、ありのままに放出する年代でありましょう。

人間の生涯にとって、ギャングエイジの時代、これを満たすことの重要性を思います。そこに肉体の強靱さも養われ、人間間のルールや秩序も自ら体験していくのです。

しかし今、この時代の要求はすべて満たされていません。遊ぶ場所もなく、遊ぶ仲間もいない。

学歴指向の中で、管理教育のもとに、詰め込み教育に追われ、遊び方もケンカの仕方も知らない。冒険も、仲間のつくり方も、仲間と話し合うこともできなくなっているのです。

乳時期、幼児期からの、その時期その時期のニーズの充足の如何が、次の児童期を作っているのです。

いま学校に起こっている〈いじめ〉や暴力や自殺など、そうした歪みは、児童期のこの時期のニーズが満たされなかったところに、より多くの原因を持つのではないでしょうか。

青少年期

青少年期という思春期は、心身共に急速に変化をきたし、大人に入る不安定な年代と言えます。この時期のエネルギーの凄《すさま》じさこそ青春でありましょう。バランスを欠いた矛盾の時期であり、批判、懐疑、欲望の噴き出る年代でもあり、また、平等の理へのめざめも強く起こる年代です。深く長い命の持つエネルギーの噴き出す凄じさを、どう受け止め、どう越えさせるか、そこに親や大人たちが問われ、教育に問われる厳しい課題があります。

そこにこそ〈人間〉への深い洞察と、共感と、真正面から彼らを受け止める真実が、人生の先輩である親や教師や大人たちに求められていることを切実に思います。

こうして胎児期から青少年期に至る教育を継続的に見てきたとき、改めて何が必要であり、何が足りないか、何が間違っているかがよく見えてきます。

現代教育が経済第一主義の下に学歴偏重となり、理性、知性のみに偏重して、科学的合理主義の下に、この生物的人間の要素を軽視し、乳幼児期の基礎教育をおろそかにし、児童、青少年期の教育を不健全にしているところに、大きな歪みを人間集団にもたらし、社会現象に起こしていることに危惧《きぐ》を抱きます。

青年期

長い学生生活を終え、社会の第一線に出るこの時期、親がかりの自分から、はじめて一人立ちするこの時を、私は第三の脱皮期と考えます。

ちょうど蟬《せみ》が殻から脱皮するような、大きな変革です。

第一に、胎児から現象世界への出生。第二は、幼児期から学校という集団への転進。そして、はじめて主体的に一人の社会人となる青年期後半は、第三の脱皮と言えましょう。

誕生以来の長い親依存の生活からの独立です。

就職、結婚という大きな節目を越え、新しい第二の人生への出発の時でもあります。

社会の定義を、人間が集まって共同生活を営む集団とするならば、私は、他人同士の一人の人間と一人の人間の結婚による夫婦の関係は、社会を構成する最小基礎単位であると考えます。それゆえ、選挙権の行使や納税の義務といった公人としての責任や資格と共に、そこにはじめて社会の主体的な構成人員としての誕生となります。

青年期はそうした名実共に、一人の社会人としての位置づけがなされる時期であります。

壮年期

社会的にも、個人的にも、全責任を背負う、人間の成熟期です。

平均寿命八十歳という長寿社会を迎えた今日では、ようやく四十歳が人生の真ん中ということになります。人生五十年、六十年の往時からは隔世の感があります。

壮年期といわれる四十代、五十代は、社会の中堅として社会を背負い、次代を育てる中で、最も豊かな人間性の充実が期待される時期であります。

社会的変動をもろに受けるのも、第一線に働くこの年代層であり、まして世界的変革期と言われる今世紀を生きるこの世代の責任は重大であり、また至難でありましょう。

日本に例をとれば、経済大国の戦士として、ひたすら家族のため、会社のため、勤勉に働き、また家庭の管理、問題の多い現代社会における子弟の教育。入学、進学、卒業に至る心労。続いて結婚、独立と、わが身を省みる暇もなく、親の責任を生きる重責の時代です。

こうした重責を果たし、はじめて人生の一つの立ち止まり地点に立つのもこの年代です。次に来る、第一線を去る心の準備、第二の就職のこと。老後を迎えるにあたり、いかに生きるべきかの思案に心の揺れ動くのもこの時期でありましょう。

昔日の権威ある父親像、慈愛に満ちた母親像の失われつつある現代社会。

さらに総体的に幼年齢化した人間像は、壮年層に期待されるリーダーシップの重厚感からはほど遠い今日の印象です。

乳幼児期からの教育、三歳児の自我の確立への第一歩である親離れ子離れといった、その時期時期の教育の手抜きの後遺症が、いま壮年層の多くの人々に見られる現代です。

現代社会の風刺的造語〈粗大ゴミ〉や〈濡れ落葉〉、また〈同居離婚〉や〈熟年離婚〉といった言葉や現実を見聞きするにつけ、人生の後半に立ち向かうこの年代層にとって、今日までのひたすら真面目に働き続けた数十年の人生は何であったかと、虚しさだけが残る、悔い多き現代の成熟期ということになってしまいます。

「四十にして惑わず」は、昔日の夢であり、今まさに、「四十にして惑う」現代であります。

しかし、それゆえにこそ、壮年期における生涯教育の重要性があり、今それが求められつつあることを思います。野村生涯教育センターの学習に求めていらっしゃる多くの方々の例にそれを見るのです。

ここにはじめて、自己自身と向き合う人生が始まるのです。

子どものためでもなく、会社のためでもなく、他者を目的とした生涯ではなく、自己自身を目的そのものに置いた、自己教育がそこに始まるのです。

ここにはじめて自分が経てきた数十年のキャリアをすべて蘇えらせ、はじめて自己実現の喜びを知ることを経験し、老後への確かな足取りが始まることになります。

老年期

仕上げの時期です。自己自身の受胎から一生を通じて、長い人生に培った収穫の集大成の時期です。

その貴重な収穫を、後から来る者に分け与え、社会に還元する時期でもあります。

人生の先頭を歩いてきた者として、後輩のモデルとなる生きざまが要請されるでしょう。

室町時代（一三九二〜一五七三年）初期の能役者世阿弥《ぜあみ》が「能で一番難しいことは老人を演ずることだ」と言っています。「ただ枯れただけではだめで、華がなければ」と。

老醜や我執を晒さないためにも、締めくくりの老年期を美しく老いることの大事さを思います。

それゆえにこそ、私は「老年期は幼児期に作られる」を持論としております。

老後は老後に作られるものではなく、出生の時点から、日々積み重ねの中に作られるのです。

生涯教育の大事さはここにあります。乳幼児期から生涯を通じて、知育・徳育・体育、また、知・情・意のバランスのとれた全人教育の重要性を強調するのはこの意であります。

高齢化社会を迎えた今、健康な体力や自立を支える意志力が、高齢者にとっていかに大切かを思います。

老年期を支える最も大切なものは「自立の精神と生きがい」でありましょう。〈肉体的自立〉、〈経済的自立〉は、老年期は自ずから限界があります。しかし、〈精神的自立〉こそ最後まで失われることなく、自らのものです。精神的自立こそ、老年期にとって最も不可欠な要素となります。〈生きがい〉は、他者や社会にとって自己の存在が役に立つことを自覚したとき生まれるものでしょう。そのため人や社会への奉仕は自らの生きがいにつながります。

さらに絶えず向上を求めて止《や》まない知的好奇心こそ、自己実現に至る真の生きがいとなりましょう。生涯教育がそこに意義を持ってまいります。

最後の終着点――死期

生涯設計に死を入れることを、私は長年主張してまいりました。

生物の掟として、死は必ず万人に確実に訪れるものであります。

「死を含んだ生」を考えることによって、生はまったく違った意義と価値を持ってまいります。

死にざまは生きざまであります。最後に悔いを残さず、感謝をもって終わることのできる生を日々生きたいものです。

私が最初に出版した著書『主婦たちの国際会議』に頂いた推薦の言葉に、哲学者の故谷川徹三先生が、「生は問いであり、死は答である」とお書きくださいました。

生涯の終着地点、死にどんな答を出すか、それは絶えず日々の生きざまに問われているなげかけでありましょう。日々、一瞬一瞬を、どう生きるか、それは絶えず最終答案のために書き綴るレポートでもありましょう。死を必然の現実と受け止めたとき、いかに貴重な、いかにいとおしい日々の〈生〉であるかがよみがえり、充実した生への意欲が起こってくるではありませんか。

2. 統合教育

家庭教育、学校教育、社会教育の有機的相関関係

生涯教育の第二の定義「統合教育」もまた、自然界における人間の位置づけから導き出したものであります。

前に述べたように、自然界の構造そのものが人間を含めすべて相互依存の不可分の関係であってみれば、人間社会は本来混合体であり、統合によって成り立つ構造そのものです。

既成の教育概念は、児童期から青年期に至る生涯の一時期を区切った学校教育という狭い範囲に限られていました。

生涯教育はこの教育概念を全く越えたものであり、生から死までの生涯をトータルしたものです。したがって、学校教育以前の家庭を中心とした家庭教育、学校を中心とした学校教育、社会を中心とした社会教育（成人教育）の三者を統合した教育概念となります。

既成の教育は、家庭教育・学校教育・社会教育の三者の教育機関および教育機能をそれぞれ孤立化し、分節化した教育システムをとってきました。断絶のあり得ない人間個人の成長段階に、三者の機能がそれぞれ分節化し、連携を失ったとき、教育は効果を著しく失います。

それぞれの役割、機能の異なる特色は当然持ちながら、家庭教育・学校教育・社会教育は、本来有機的相関関係にあるはずです。

広義で言えば、社会の中に学校も家庭もあり、人間の実存に基づけば、家庭人と社会人と学校人と別々の人間が存在するわけではありません。家庭と学校と社会は、一人の人間に属するそれぞれの側面であります。

教師に例をとれば、教師は学校人であると同時に家庭人であり、社会人であります。親は家庭人である一面と、社会人である一面と、子供を通して学校に深く関わります。

さらに生涯教育の観点に立てば、一人の人間は一面は家庭人であり、一面は社会人であり、一

（図15）

（図16）

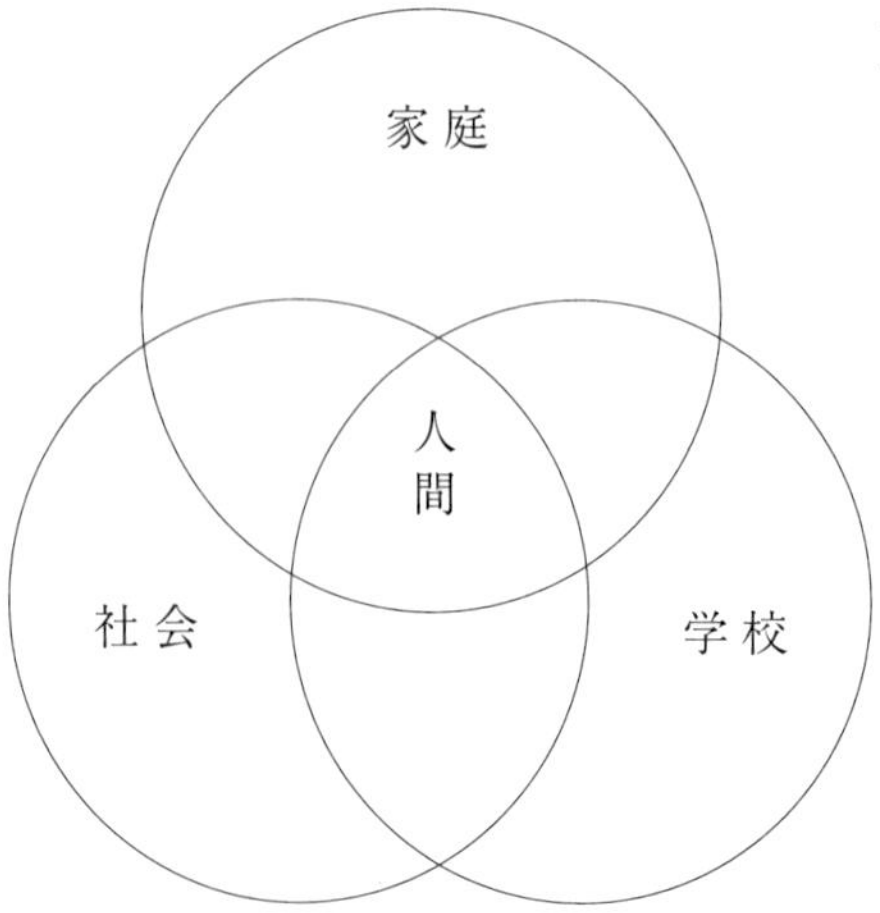

面は生涯学習者、つまり広い意味の学校人であると言えます。

一人の人間のそれぞれの側面、それぞれの分野の統合された中で人間形成はなされるはずです。したがって、分節化した教育を統合的に捉える教育観への転換は、人間教育本来の姿に立ち返ることになります。

異質の統合

統合の原理は、単に既成の狭い教育分野に適用するだけではありません。

今、時代そのものが〈統合の時代〉を迎えています。

人類がそこに気づかざるを得ない時代を迎えていると言った方が適切でありましょう。

次の三つの観点から、その必然性を述べます。

一．分析的、解析的科学思考の不備

二．分裂、対立、破壊の世界の現実

三．本来的宇宙システムの哲理から

第一に、科学が特徴とする分析的、解析的思考は、単に教育システムに限らず、現代社会のあらゆる分野に、セクト化、孤立化、分断を引き起こしています。

分析、解析は、総合、統合の理論と相まってはじめて真実の解明をなすものでありましょう。

第二に、今、分裂、対立、破壊の世界の現実は、人類社会に生存不可能の危機をもたらしています。小さな惑星に運命の共有を余儀なくされた時代にもかかわらず、人心の荒廃、生態系の破壊、核の脅威にさらされた現実であります。

第三に、本来宇宙システムは、ミクロの細胞からマクロの大宇宙まで、実に精巧な有機的統一体そのものでありましょう。

この現代社会に、いかに、大局的観点や総合的思考を必要とするか、そこに本来的自然界の成り立ちから学ぶものは大きいのです。

個々のすべて異なる性質を持つ〈異質〉の集合は、有機的相関関係において統一体を成しています。

この宇宙システムの本来的統合の原則に立ったとき、例えば人体の個々の細胞も機能も、単独では「人間」としての構成も機能もなし得ないように、グローバル社会のあらゆる異質の分野、機能、機関、さらに思想、文化、宗教の補完、統合がなされなければ、人類社会の健全な復活はあり得ないでありましょう。

異質の統合を可能にする条件は、

○各々の異質を前提として認める。

相互の違いをまず、ありのままに受けとめることです。

○相違点と一致点を見出す。

相違点については、まず知り合い、理解し合い、その度合いを深めることによってはじめて補完し合えます。同時に人間としての共通項を見出す必要があります。相違点を補完し合い、一致点を強調し、それを統合していく中に、異質の統合がなされましょう。

○差と別を認めた前提の上に、お互いを認め合う。

そこにはじめて異質の統合がなされます。差と別を無視した統合ではありません。例えば、「異体同心」の言葉が示す、形や存在は別々であっても心が一つに溶け合った状態を言うのであって、「同体異心」という、形や存在は一体に見えても心が別々の状態であっては統合はあり得ません。

○個の確立の上に、異質の個と個の連携の健全な統合がなされる。

○この統合は全体を排除する個ではなく、個を抹殺する全体でもなく、そこに個々の特徴を生かした全体の調和がなされる。

オーケストラがまさにその例であります。

人類は今、まさにインティグレーションの時代を迎えています。人間が属する世界のあらゆる分野、機能の統合は必然の要請であります。

それは本来的宇宙システムへの回帰であり、カオスの世界から調和の世界への回帰であります。

統合の原理の実践

私の三十余年の活動は、常にこの「統合の原理」の実践化を図るものでありました。

その主たるものとして三つの分野の統合について述べます。ここに述べる三つの分野の統合は、単に論として提起するものではなく、私が三十余年の間、絶えず目ざし、実践し、実証し続けたものであります。

第一の統合として、すでに教育の分野の統合について述べてきたように、既成の教育の分野の分節化に対し、家庭教育、学校教育、社会教育を人間の実存に基づいた、本来有機的相関関係にある三者の統合であります。

長年、一般家庭に、学校現場に、行政やマスコミや社会のあらゆる界層に連携を呼びかけたのは、この実践でした。

第二の統合として、国際、民際、職際、学際の実現であります。

国際……国籍や言語、文化や歴史の異なる国家間レベルの連携を図る。

民際……さらに庶民という共通項に立つ民間同士の連携、民際の重要性があります。それは国家的権限や国益、体面に制約を持つ国家や政治レベルではなし得ない不備を補い、国家間の不信や緊張を緩和する大きな役割を持ちます。

職際……あらゆる職業、職種、立場、肩書の間にある疎外、分断に流通を図る。

学際……学問の世界もまた、孤絶した専門分野にとどまることなく、諸科学、諸学問分野の統合の必要がありましょう。

科学が人間生命や精神の分野の解明を進める今日、まして分子生物学の分野が明らかにした、物質と非物質の境界が取り払われた今日、自然科学、人文科学、社会科学の統合、さらに科学、哲学、宗教、芸術の分野の統合的見地は必然のことでありましょう。

私が、生涯教育の構築にあたり、直観的、哲学的、科学的思惟《しい》において、心理学的、物理学的、生態学的統合学として生涯教育を捉えたのも、この統合の原理によるものであります。

民間人の私が国内においては界層、職種を問わず連携を図り、国外においては、国籍、人種、宗教、イデオロギーを問わず、世界の方々と文化の交流を続けてきたのは、この統合の原理の実証であります。

第三の統合として、「中心と周辺」「東洋と西洋」「民と官」「女性と男性」「素人と専門家」の統合の必要をあげます。

私が長年主張し、実践を試みてきたこの第三の統合は、従属理論からの脱却を意味します。この従属理論は、「中心」に対して「周辺」の従属を強調する北アメリカに対する、ラテン・アメリカの経済的立場を表わす枠組みの理論の言葉と聞いております。

この従属理論から申しますと、今まで「中心」を占めていたのは「西洋」「官」「男性」「専門家」であり、それに対し「東洋」「民」「女性」「素人」は「周辺」の立場にあったと思います。

今まで常に「中心」に従属し、真似てきた立場にあった「周辺」の側の目覚めと自発こそ、今世紀重要な鍵となります。

東洋人であり、民間人であり、女性、素人である私が、三十余年間、常に西洋に関わり、官に、男性に、専門家に関わり、協力を図ってきたことは、まさにこの統合の理論の実践でした。

人はそれぞれその存在において各々の視点、ニーズ、役割、価値観を持ちます。それぞれが特色を持ち、それぞれが価値を持ちます。

この存在の相反する異質の統合により、セクト化した各分野に連携が生まれ、諸価値が出会い、諸情報が集合し、相互理解がなされたとき、第三の思想や文明への一つの手掛かりとなり、平和への道の開かれることを確信します。

この統合の原理は、一九七四年、はじめてユネスコ本部に生涯教育担当官エットーレ・ジェルピ博士を訪ねたとき、私が懇談の中でお話ししたことでした。爾来、私の三十余年の活動は、常にこの「統合の原理」の実践化を図るものでありました。

3．生活の教育化

生活そのものが教育

「生活」と「教育」は、当然まったく違った概念を持つ言葉です。

まして我々の長年の教育観は、「学校」という特定の「場所、教室、教科書、カリキュラム、教師と生徒」に限定された「学校教育」イコール「教育」という、固定した考え方に縛られてきました。

したがって、「生活」と「教育」とはまったく別の領域と考えられてきました。しかし、真の教育とは何かを探究したとき、人間が人間らしくあるための作業が教育であってみれば、一定の場所、一定の期間だけで教育の目的が達成されるはずのないことはわかってきます。

そこで生まれてから死ぬまでの一生涯をトータルした教育観への転換、「学校教育」から「生涯教育」への転換は至極当然のことになってまいります。

生涯教育の基本理念第一の「継続教育」により、生まれてから死ぬまでの生涯の日々刻々の成長過程は、そのまま教育の作業であることを述べてきました。

さらに、第二の定義「統合教育」により、家庭の場も、学校の場も、社会のすべての場が教育の場となることを確認してきました。

これは一人の人間の生きるすべての「時」と「場」の教育化を意味することとなります。いつでも、どこでも、何からでも学ぶということになれば、当然、学校以外の家庭においても、職場においても、不特定な道を歩いていても、乗り物に乗っていても、人間が生きて生活している場であれば、すべてそこが人間成長の一瞬一瞬のプロセスであるはずです。

現代人は教育と生活を分けてしまっていますが、しかし、こうした観点に立つと、「生活」と「教育」とは無関係な別の領域ではなくなります。つまり、「生活そのものが教育である」ということになります。

ただ敢えてその違いを言うならば、今まで我々が考えてきた教育は、組織的、計画的学習形態を持った「意図的教育」であり、それに対し「生活」は、「無意図的教育」であると言えます。しかし重要なこととして、むしろ無意図的教育の場にこそ、教育的影響や効果の大であることを知らなければなりません。

生活とは字のごとく、人間が生きて活動することです。人間が生身をもって生き、動き、活動することです。

本来人間が生きて活動すること自体、成長の過程であり、生から死までの成長の過程がそのまま人生生活であり、教育過程ということになります。

その意味で、人類の進化の過程は、そのまま成長の記録であり、教育の過程であると考えます。前にも述べましたが、私は持論として「人類史は教育史」と定義づけています。古代から常に人間は、進歩し、自己啓発し続けてきました。古代社会、原始社会においては、生きるとは、学ぶことであり、学ぶことは生きることそのものでした。生きるための必要から、獲物をとり、身を守るための道具や武器を自然から学び創り出し、火をおこし、言葉や文字を創り出したのも、より良く生きるために、自然から学び、自己啓発し、工夫し、創造していき、次々に伝授していった、まさに教育作業であったと考えます。

人間は学習する生き物

このように考えていくと、本来、知恵を持つ人間は学習する生き物であり、生きることがそのまま学習であったことがわかります。

古代社会では、教師や教科書があったわけではなく、古代人はより多くを自然界から学んだのでありましょう。そこにより潤沢な創造力が生まれ、創意工夫が啓発されたのであろうことは想像に難くありません。

教育機器や教科材料の潤沢な現代教育が、人間の持つ豊かな創造力や、工夫する能力を奪っているのと対照的であります。

古代、生きることと学ぶことが直結していた時代の教育、それが現代に近づけば近づくほど、教育は、生きることから遊離してしまい、現代の学問や教育は抽象化し、観念化し、生きた人間や生きた生活から遊離してしまっています。

はからずも、一九七二年に出された「フォール報告書」に、原始時代の教育に類似した言葉を発見しました。

ユネスコ教育開発国際委員会委員長エドガー・フォール氏の提出された「未来の学習」と題した報告書に、「我々は、全生涯を通じて生きることを学ぶべきだ」とされていることです。

また、アメリカの哲学者であり、教育者であるジョン・デューイが「教育とは生活そのもの」と言ったことも、十八世紀から十九世紀を生きたスイスの教育者ペスタロッチの「生活が教育する」との言も、共にそこに通じるものがあります。

しかし私がここに提起する「生活の教育化」は、自然法則から導き出した「教育原理」「関係の法則」の活用によるものであり、意図的、目的的に「生活を教育化」し、「教育を生活化」することを目指すものです。

「教育の原理」「関係の法則」は第四部で詳しく述べることにします。

人間同士が関わり合い、あらゆる物事、事象が関わり合うことで成り立っているのが生活であり、人間社会です。意図しようと、しまいと、互いに影響を与え合っている存在です。

長い過去からの経験の集積を持つ生身を持った人間同士が、激しく変化し流動する現象世界を生きていく上で、絶えず不測の事態や苦痛を伴うさまざまな事象に直面し、葛藤や悩むことの多いのが世の中の常態でもありましょう。

それぞれ顔が違うように、要求も意見も、性格も趣味も違う、それぞれが欲望を持つ人間であれば、そこにさまざまな対立、葛藤、障害が起こるのは当然で、それが人生であり、生活でありましょう。

こうしたさまざまな問題をどう受け止め対処するか、ここに生涯教育の定義の一つとした「生活の教育化」「教育の生活化」があります。

私はモットーの一つに「社会、人生に触れ合うすべての条件、事象は自己教育の教材である」を掲げ、具体的人生生活の教育化を図りました。

このことは生活上のさまざまな問題を、「人間形成の研究教材」として受け止めることを意味します。さまざまな問題を一方「人生苦、生活苦」と受け止めるか、一方「教育教材」として受け止めるかの相反する二つの選択の如何によって、ここに人生観、人生態度の根本的相違が生まれてきます。

未熟な人間同士が生き合う人生、生活上さまざまな障害にぶつかるのは当然です。そうした人生苦ともよぶべき事象に、それに負けることなく、逃げることなく、争いや、破壊や、自殺に追い込まれることなく、その不幸を自己発見の動機づけにする。いわゆる、自己の人間形成の研究教材として受け止めるのです。

そこに、自然法則から導き出した教育原理「関係の法則」の活用により、意図的、目的的「生活の教育化」がなされるのです。

つまり、不幸の条件に出会ったとき、固定的に、感情的に、ただ苦しい、困った、悲しい、どうしようと受動的に受け止め、迷うのではなく、教育課題とすることにより、その事象を流動的に理性的に受け止め、過去、現在、未来の三時を通して、その不幸の出来や、事象が何故起こってきたのか、その拠って来た所を、「何故、どうして」と原因を深く探るのです。

これは能動的解決の道であり、そこから自己探究が始まり、自己分析が始まるのです。

そこに自己の人間性の未熟さ、欠落を見出し、自己陶冶がなされます。不幸の条件を反転させ、自己成長の糧とするのです。

まさにこれは、人生苦を一転して自己実現の喜びに変えることであります。

このように、自己が主体性を発揮して、自己教育に取り組むとき、人生生活の諸問題、諸事象の解決も可能となります。

さらに人間同士が同時依存関係の存在であるゆえ、自己が変革することにより、当然他者に影響を与え、他者もまた変革します。つまり、自己の成長と他者の成長が同時になされるのです。無意図的教育の場である広汎な生活の場を、もしこの教育の原理（第四部で詳述）の活用によって、意図的、目的的に教育化したとき、その成果は計り知れないでありましょう。

これはまさに発想の転換であります。人生苦、生活苦を一転して、人間成長の教材になし得たら、これこそ〈人生の達人〉と成り得ましょう。

4．生命の永遠性

永遠の生命を生きる自己

生涯教育の定義で特筆すべき要点として、第四に「生命の永遠性」をあげます。

生涯教育――ライフロング・インティグレイティッド・エデュケイションで最も私が問題とするものは、「ライフ」の意味です。もちろん、ライフには「人生」とか「生活」の意味もありますが、生命科学――ライフ・サイエンスの「ライフ――生命」の意味でもあります。「人間――いのちあるもの」の教育。そこにこそ前述の基本理念、継続教育も、統合教育も、生活の教育化も、意味を持つものであります。

この第四に掲げた「生命の永遠性」こそ、生涯教育の第一義とするものであります。

現代教育が教育の出発点をどこに置くかの論議で、「小学校入学から」とか、「生まれた時から」、あるいは「受胎」の胎教からと、さまざまに論が展開されます。しかしそれは、人間の一生を誕生から死までの期間に区切って捉えた上での教育観でした。

もし人間の一生を〈生から死まで〉と捉えていったとしたら、それは人間を半分しか捉えていないことになります。人間教育である以上「いのちあるもの」としての人間の概念に立ち、そのための教育がいかにあるべきかを究めるべきであります。

今まで生命の問題は、比較的宗教や倫理の分野で扱われ、教育の分野ではあまり扱われたことはありませんでした。私は教育改革にあたり、教育の原点を人間の原点、「いのちある『人間』」に立ち返ることを焦点に据えました。

〈私〉という存在には必ず生命の伝達者がいます。生命の伝達者と伝承者との関係において、すべての人間の存在があります。伝達者は父親であり母親です。その両親にはまた伝達者である両親があり、その両親にはまた両親があります。

こうして、原始生命発生以来、断絶することなく長い連続を続けて来た生命です。その悠久の過去からのいのちを受け継ぎ、その連鎖の一環の〈現在〉を生き、そして未来に伝達していく永遠の命を生きる人間個々人の存在であります。

ここに生命の永遠性が立証されます。

「永遠の生命」は抽象的概念ではなく、歴史的に実在した自己の実存に確認することであり、過去と未来を繋ぐ重要な接点を生きる自己の確認であります。

二十世紀、自然科学は、初めて人間生命の問題、人間精神の問題を追究し、生命科学の分野が分子生物学の立場から細胞下レベルの解明に及び、遺伝子ＤＮＡの正体が判明し、それにより父方母方の遺伝情報を確実に細胞を通してプリントしていることが証明されました。

このことは、自然科学の立場からの生命の連続性、永遠性の証となりましょう。

いのちは単なる物質ではありません。三、四十億年という長い時を伝達伝承を繰り返し、試行錯誤を続けながら、長い進化の過程を経た〈歴史的実存〉です。

それゆえ、過去のすべての〈文化遺産の蓄積〉を内在し、〈強靱な復原力〉の証明となり、さらに人智の解明し得ぬ〈神秘的なメカニズム〉そのものが、「永遠の生命」を持つ人間に冠せられた価値であります。それゆえにこそ、一人ひとりのいのちが、かけがえのない存在であり、地球より重いと言われる所以であります。

人間の普遍的「平等」と「尊厳」に至る唯一の典拠をここに見ます。

元ユネスコ本部生涯教育担当官エットーレ・ジェルピ氏が「あなた方との交流で、生命の永遠性の理解は大きな収穫であった」と言われました。

「永遠の生命」への甦り

私が一九七四年、ルーベンでの平和会議の「人権」の部会で「胎児の人権」を主張したのは、そこに人命軽視の根源を見たからで、現今、論争の焦点となっている、宗教的、政治的根拠や、婦人問題の根拠とは、まったく次元を異にした論点からであり、それは東洋の生命観に基づく「生命の尊厳」を基盤としたものです。

私が戦争を絶対悪として排除するのも、単に反戦という意味からではなく、人の「いのちがいとおしい」からであり、敵も味方もなくすべてのいのちが尊く、冒すべからざるものであることを根拠とするからです。

「人間対自然」の哲理に基づく人間中心の西欧科学文明に比し、「人間即自然」の東洋の哲理は、人間も、草木や動物も、物質も、大自然の森羅万象、すべて一つのいのちに貫かれているとする生命観を持ちます。

〈もの〉に〈心〉を、〈いのち〉を入れて考える。

これは、理念としてより、日本人の、女性の、私の体質になっているものであります。

殺される胎児の痛みが自分の痛みに感じ、敵味方なく、人のいのちが殺傷されることは、堪えがたい苦痛なのです。

合理的科学文明、物質文明の風潮や価値観が、人命軽視の風潮を生み、胎児という眼に見えない世界での人為的殺人から、大きくは戦争に至るまで、最も〈尊厳〉であるべき、最も〈平等〉であるべき人間を、人間が人為的に殺傷する暴挙。

現代のこの最も非人間的な人類社会に、真の平和と調和を取り戻すためにこそ、人間性復活を教育の最も重要課題として、そのためにこそ、万人が普遍的に有する「平等」、「尊厳」への典拠である「永遠の生命」への甦りを生涯教育の第一義に課するのです。

5. 人間の総合的把握

基本理念の第五として「人間の総合的把握」をあげます。

これは東洋の自然観の哲理に基づく〈人間観〉であります。

東洋と西洋の自然観の哲理の相違が示す「自然と人間の一体」と「自然と人間の分別」は、東洋、日本のものの見方、考え方が包括的、全体的であるのに比し、科学を発達させた西洋の思考は分析的、解析的、峻別的であり、そこに大きく特徴を異にします。

一九七八年主催した第二回パリ・フォーラムの折、議長を務められたポール・ラングラン博士が、生涯教育の本質に関してのユネスコの一つの調査結果についてとして、「西洋で欠如している一つの大きなものは、全体的な考え方、心と体の総合といった全体的な考え方である。西洋では、あまりにもそれが無視されてきた。そういうことにおいて、東洋から教えられるものは大きい」と話されました。

不可分であるべき精神と肉体を二元的に捉えた科学的思考は、すでに基本的な〈人間観〉の過ちを犯しています。

科学はあらゆるものを分析し、細分化していきます。人間観察も部分部分を深く探究し、人間の心理学的分析や、医学的解剖など、細部にわたる解明は進んでいますが、人間を総合的に捉えることにおいては未だしであります。

科学的手法は分析、解析に偏り、総合的見地が失われています。

人体の部分部分をバラバラに捉えても、生きた一個の人体にはなりません。脳や、胃や腸、肺、心臓、血液、筋肉等々、それぞれの器官がそれぞれの機能を果たしながら、関連し、総合してはじめて、一人の行動する生きた人間となるのであって、部分部分を解明しても、全体的、総合的把握がなされなければ、人間を捉えたことにはなりません。

人体に例をとっても、このように部分を総合して全体を捉え、全体の中から部分を見るのでなければ、人間の真の実像とはなりません。

人間の虚像と実像

人間を一番知らないのは〈人間自身〉であり、己を一番知らないのは〈己自身〉です。

人間教育を考えるとき、人間とは何かが正確に把握されないかぎり、人間が人間らしくあるための、教育作業の十全を期することは不可能でありましょう。

人間を知らずして人間を教育することは、不遜であり、無謀であります。

我々は、人間の〈虚像〉を〈実像〉と見誤るおそれがあります。

つまり、科学的思考の現代人の錯覚は、間違いなく全体と切り離した〈個〉の自己を〈私〉と捉えています。

百何十センチの背丈と、何十キロの体重を持ち、体表を皮膚で覆われ、閉じたシステムの個体を人間〈私〉であると間違いなく確信しています。これは人間観の根本的錯覚です。

東洋の自然観、人間を自然の一物として捉える「人間即自然の哲理」は、心と身体を持つ人間と、人間を存在させる自然環境の一体、不即不離を説きます。つまり「心・身・環境」の一元的哲理であります。

それゆえこの「自然観」は、同時に「生命観」「人間観」「世界観」、さらに「宇宙観」をも意味するものとなります。

この「自然観」即「人間観」に基づき、私は人間の実像を把握します。

自然界に生きる人間の実存

自然界に生きる人間の実存を、私はこの哲理に基づき、心理学的、物理学的、さらに生態学的に統合した立場から捉え、心・身・環境の一元論を基盤に生涯教育論を構築しました。

人間の実像は、人間を総合的に把握することによって、はじめて可能となります。

人間の総合的把握の考察を、三つの観点から述べます。

第一・時間的、空間的総合統一の中に捉える人間観

時間的に永遠の生命を生き、空間的に無限の繋がりを宇宙生態系と共に生きる人間、〈私〉。

生命の連鎖、万物万象との連鎖、この縦横無尽の相依相関の原理においてのみ生存が可能となる、生命体である人間。この原則を離れたら、一物も存在し得ないという厳然たる掟。

ゆえに「生存の原理」であり、さらに共に生き合う「共存の原理」であるこの宇宙システムを図解しますと、(図17)となります。

私はこれを「科学的曼陀羅」と名付けています。

個体生命は全体生命の中の個体生命としてのみ存在します。人間個人を宇宙生態系の中で捉える人間観であります。

（図17）

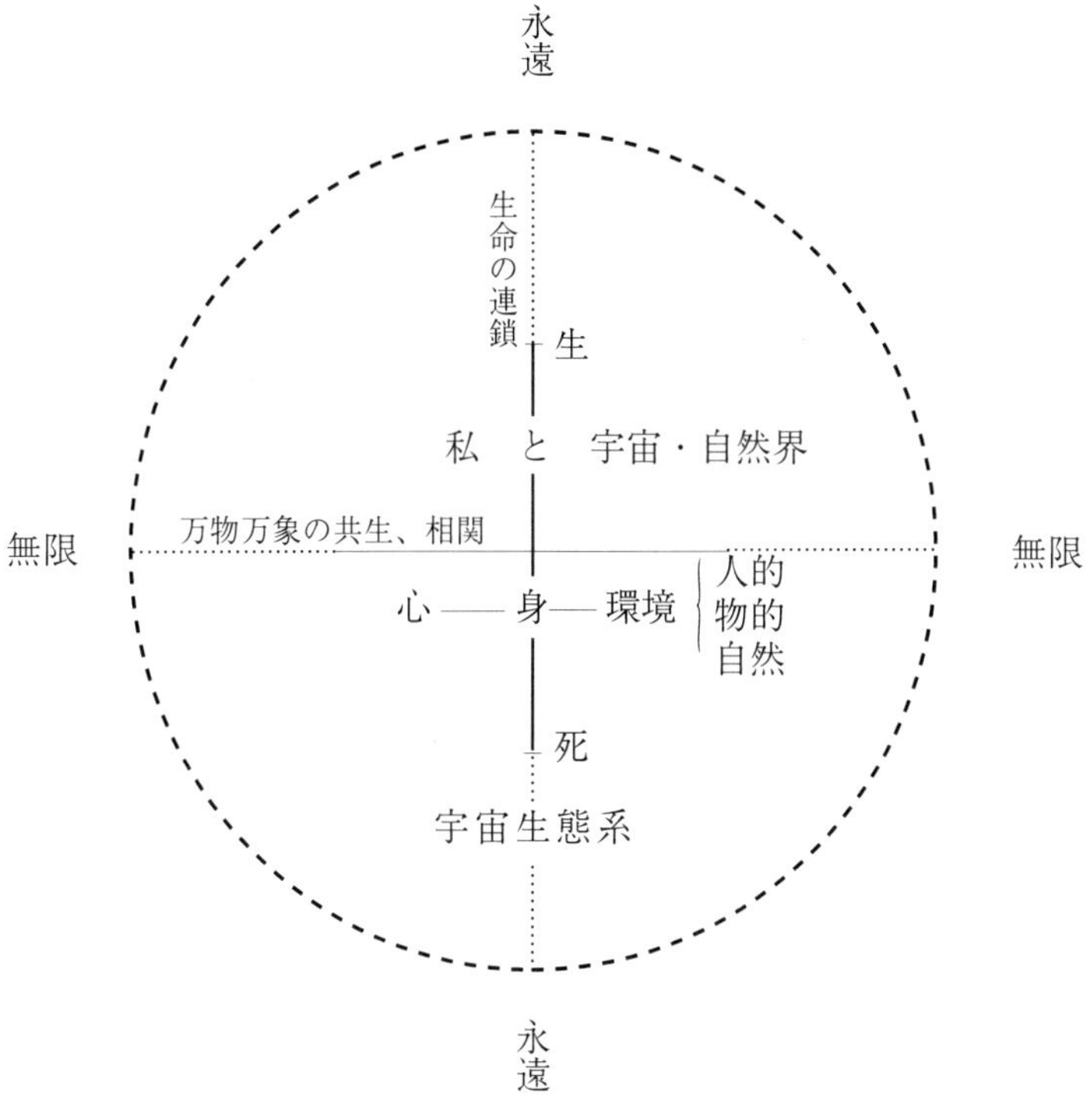

単に心・身二元論を一元論に捉え直すだけでなく、心と身体と環境を一元的に捉えることであります。

人間の内界、心や意識や人体の細胞や血管といったミクロのレベルから、個体を取り囲み、生かしている外界、宇宙、自然というマクロのレベルまで、すべて総合して人間を把握するのです。

この心・身・環境の一元論は、二元論に出発した科学文明の行き詰まりに対し、新しい活路を提示する哲理となりましょう。

第二・物質的、生物的、精神的、社会的、文化的要素を総合して捉える人間観

人間は五つの要素を総合して持つ生きものであると考えます。

人間は第一に物質的要素を持ちます。

元東大医学部教授の小林登先生の書かれたものに、「シルリア紀、海から陸に上がった生命は、海水に含まれているすべての成分、特に元素を含んでいる」とあり、「鉄、弗素、亜鉛、ケイ素、スズ、セレニウム、沃素、マンガン、モリブデン、ニッケル、クロム、コバルトなど、その他、鉛、砒素、水銀、アルミニウムなど二十九種もの元素を持つ」とあります。

この意味において物質的存在であると言えます。

しかし、単なる物質ではなく、いのちある生物です。長い進化の歴史をたどった生命体です。人間を知る上に、この物質でもあり、生物でもある人間の肯定からの出発が必要であります。近代以降、西洋科学思想のもとに人間の理性の重視、知性の尊重が、それらを尊重するあまり、人間の物質的、生物的側面を軽視するきらいがあります。

生命の長い進化の過程で、生物人間ホモ・バイオロジカスの時期の長さを考えると、現生人間ホモ・サピエンスに至ったのは、近々百万年ないし二百万年前のことであり、人間がいかに理性や知性を持つ生き物であっても、過去の生物であった時期の制約を強く受けていることは否めません。その部分を無視し、人間を理想化し、理性だけを重視しているところに、大きな錯覚や矛盾を生じてきています。

現代人の陥っている大きな不幸は、この精神と肉体とのギャップであります。長い過去の制約を受ける肉体と、比較的過去の制約が少ない、観念化、抽象化した精神や意志の働きとの間に、大きな誤差を生じ、それに気づかぬままにその落とし穴に落ち込み、そこにさまざまな不幸をきたしています。

このように、人間は物質であり、生物であると同時に、しかし単なる生き物ではありません。精神の高度な働きを持つ精神的存在でもあります。精神、情緒、情操、意志、意欲、知恵といった知・情・意の働きを持つことにおいて、他の生物との相違を持ちます。

生命あるものとしては共通していますが、言葉や文字を作り、ものを考え、道具を作り、意志を他に伝達することのできるのが人間です。生命とは、生成発展し、本来、より良く生きようとする働きを持つものですが、それを最高に生かしているのが人間でありましょう。

ものを知ったり、情的な細やかな動きを持ったり、意志を持つといった高等な精神機能は、下等動物から高等動物への進化の過程で徐々に発達してきたものであります。

したがって、個体発生の上から見ても、乳幼児が段々とものを知っていき、そして自分の感情や意志を表すようになるというように、系統発生と同じ発達経路をたどるのです。

さらに人間は、群れをなす生き物です。人と人の間、つまり社会人としての存在です。

社会の最小集団は、一人の人間と一人の人間の結合から始まります。そこに家族、家庭という社会の基礎単位が形成され、その集合体が地域社会であり、さらに民族的、国家的集団社会、さらに世界、地球社会が構成されています。人間はそれによって生きる社会的存在です。

そしてさらに生命発生以来、その長い過程は絶えず発展、創造の進化の過程でした。

この意味において、人間は文化的生命体であり、存在であります。

「人間の総合的把握」の第二の観点は、こうした物質的要素、生物的要素、精神的要素、さらに社会的要素、文化的要素、すべてを総合して人間を捉えます。

第三．人間を超えたものとの総合において捉える人間観

人間を宇宙に位置づけたとき、そこに悠久の過去から永遠の未来へ、無限の空間の広がりの中に、自己の存在を自覚します。

目に見えない心、目に見える肉体を持って、私たち人間は内なる自然、外なる自然、内なる宇宙、外なる宇宙の接点に存在しています。

人間は有限な存在であります。そして有限の肉体を持つ人間が知覚する世界はごく限られています。しかし同時に人間は、本来有限を超えた無限のものと繋がっています。

時間的にも、人間は永遠の過去からの生命の伝達伝承の中に存在し、空間的にも、無限の宇宙と不可分の関係の中に存在しています。人間を超えたものへの憧憬はそこから生まれます。生かされている者として、生かしているものへの母胎回帰の心情でありましょうか。

トインビーの言う「宇宙の背後にある精神的実在」、宗教家はそれを「神」と捉え、「仏」と捉えるのかもしれません。が、とにかく我々を生かしているもの、すべての宇宙を存在させているもの、そうしたものとも総合して人間を捉えていく必要がありましょう。

生きる己と、己を生かし、己を超えたものとの総合において捉えるとき、〈永遠を〉〈無限を〉生きる人間、己の本来の姿に立ち返ることになりましょう。

このように、すべてを総合した中に人間とは何かを捉えようとするとき、はじめて人間の実像が摑めてまいりますし、その人間を育てる作業としての教育の実体が摑めてまいりましょう。

そこに既成の教育を超えた、生きた人間の教育が取り戻され、人間の本質への近づきが可能となり、ここに本質的教育改革の真の実りを見ることができ得るはずです。

教育のめざす人間復活が、ここにはじめて実現されることを思います。

以上、私が東洋の自然観から野村生涯教育の構想を打ち立て、それに基づき教育体系を構築し、そこから述べた五つの要点を生涯教育の定義としました。

改めてここにその五つの定義を記します。

継続教育
統合教育
生活の教育化
生命の永遠性
人間の総合的把握

野村佳子（のむら よしこ）
1922 年、静岡県生まれ。
1962 年、高度経済成長期の日本が直面した青少年の不幸の問題を動機に教育ボランティア活動をはじめる。1969 年に世界一周の旅から活動をグローバルに展開する動機づけを得て、1972 年、生涯教育センター（現公益財団法人野村生涯教育センター）設立。抜本的な教育の問い直しから、教育の目的を人間に据え、自己教育を主軸とした相互教育を通して、家庭ぐるみ、社会ぐるみ、国際社会ぐるみの活動を展開。
行政、企業、学校等の要請に応えて講演多数。世界各国での講演は 40 回を超える。
著書に『教育史に位置づける民間生涯教育』『主婦たちの国際会議』『教育は［共育］』などがある。
2003 年逝去。

未来創造学としての生涯教育　野村生涯教育原論 I

平成 29 年 4 月 1 日　初版第 1 刷発行
著　　者　野 村 佳 子
発 行 人　金子由美子
発 行 所　公益財団法人野村生涯教育センター
発 売 所　株式会社出版文化社
〈東京本部〉
〒 101 - 0051 東京都千代田区神田神保町 2 - 20 - 2
ワカヤギビル 2 階
TEL：03 - 3264 - 8811（代）　FAX：03 - 3264 - 8832
E-mail：book@shuppanbunka.com
〈受注センター〉
TEL：03 - 3264 - 8811　FAX：03 - 3264 - 8832
印　　刷　株式会社加藤文明社印刷所（本文）、新津印刷株式会社（カバー）
製　　本　株式会社加藤文明社印刷所

ISBN978 - 4 - 88338 - 620 - 8 C0037